ザ・日本史推理

井沢元彦

PHP文庫

○本表紙図柄＝ロゼッタ・ストーン（大英博物館蔵）
○本表紙デザイン＋紋章＝上田晃郷

「まえがき」にかえて

そんなに昔の話ではありません。

ある大国の大統領が「あの国は大量破壊兵器を持っている。ぜひともたたきつぶさなければならない」という公式見解を発表しました。大国の大統領のいうことだからと皆が信用し、協力してその国に攻め込みましたが、大量破壊兵器などどこにもありませんでした。つまり大統領は嘘をついていたわけです。

何を私は言いたいのか、「国家権力は自分の都合のいいようにウソをつくことがある」ということです。そんなの当たり前じゃないか、と思いますよね。ところが、そんな高校生にもわかる常識が通用しない世界がありました。日本の歴史学会という世界です。もう何十年も昔になってしまいましたが、私が日本史の研究を始めたころは「『日本書紀』は絶対に正しい。なぜなら国家が編纂した記録だからだ」と考えているとしか思えない「大御所」が大勢いました。ウソのようなホントの話です。最近は私が何十年も「国家権力だって嘘をつくことがある、それは世界の常識ですよ」と言い続けたため、歴史学者の先生方も考えを改めてくれるようになりましたが、この文庫に収められた論考を書いたころはまだまだ「大御所」たちの見解に従う先生がたくさんいました。

「推理」という言葉があります。たとえばある部屋から物が盗まれた。その部屋の出入口は一つしかなく監視カメラが付いていて、盗まれた期間に出入りした人間は一人しかいない。となればその人間が犯人だ、ということになりますね。物を盗んだ瞬間は撮影されていなかったにしても、前後の状況からみて明らかにその人間が犯人に違いないと考えることを、推理といいます。ところが、こんな高校生にもわかる常識が通用しない世界がありました。彼らは「その瞬間の映像を出せ」つまり「そのことを直接記載した史料がなければそんなのは想像すぎず、まったく価値がない」と主張するのです。

これも私が何十年も「仮説（推理）をとりあえず検討するのは他の学問の世界では常識ですよ」とか「〇〇暗殺計画なんていう史料が残るはずがありません。証拠になっちゃうじゃないですか」などと言い続けたので、少しは風向きが変わりましたが、この点に関しては相変わらず「史料絶対主義者」が幅を利かせています。

そうした現状を打破するために、昔から私は努力してきたつもりです。ただ当時の常識を知らない若い人から見ると、この本の内容は「なぜそんな当たり前のことをくどくど言わなければいけないのか」と思われるかもしれません。その点はぜひご容赦願いたいものです。

井沢元彦

ザ・日本史推理　目次

第五章　小野小町はなぜ日本一の美女とされているのか

第十五章　浅野内匠頭はなぜ吉良上野介に斬りかかったのか

〔I〕飛鳥〜鎌倉時代編

第一章　壬申の乱が唐からの脅威を救った理由

朝鮮半島征服をねらう唐帝国の脅威

壬申《じんしん》の乱は、日本の歴史上最も有名な反乱の一つである。国語辞典にも載っている。

天智《てんじ》天皇死後、長子の大友《おおとも》皇子（弘文《こうぶん》天皇）を擁する近江《おうみ》朝廷に対し、吉野にこもっていた皇弟大海人《おおあま》皇子（天武《てんむ》天皇）が六七二年（壬申の年）の夏に起した反乱。一ヵ月余の激戦の後、大友は自殺、大海人は飛鳥浄御原宮《あすかのきよみはら》に即位し、律令《りつりょう》制が確立する端緒となった。（『広辞苑』よみがなは引用者による）

これが壬申の乱に対する最もオーソドックスな見方だろう。ひと言でいえば、皇室の相続争い、内輪もめ、ということである。しかし、この見方は、私にいわせればまったく正しくない。

まず、従来の見方では、日本を取り巻く国際情勢の影響というものを、まったく考慮に入れていない。そして、「内輪もめ」という見方も正しくない。**これはむしろ「革命」なのだ。**

まず、国際情勢という点から、この乱を新たに見なおそう。

この時代（七世紀）の国際情勢は超大国唐《とう》の出現（六一八年）を抜きにして語ることはできない。六二八年に中国全土を統一した唐は、その前の統一王朝だった隋《ずい》の夢を果たそうとした。

それは朝鮮半島征服である。

当時の半島は、百済《くだら》、新羅《しらぎ》、高句麗《こうくり》の三国に分かれていた。隋の煬帝《ようだい》は、このうち最も北の中国寄りに位置する高句麗に大遠征を試みたが、高句麗の将乙支文徳《ウルチムンドク》の反撃に遭い、大敗北に終わった。このことが隋の滅亡の一つの原因となった。

朝鮮三国図

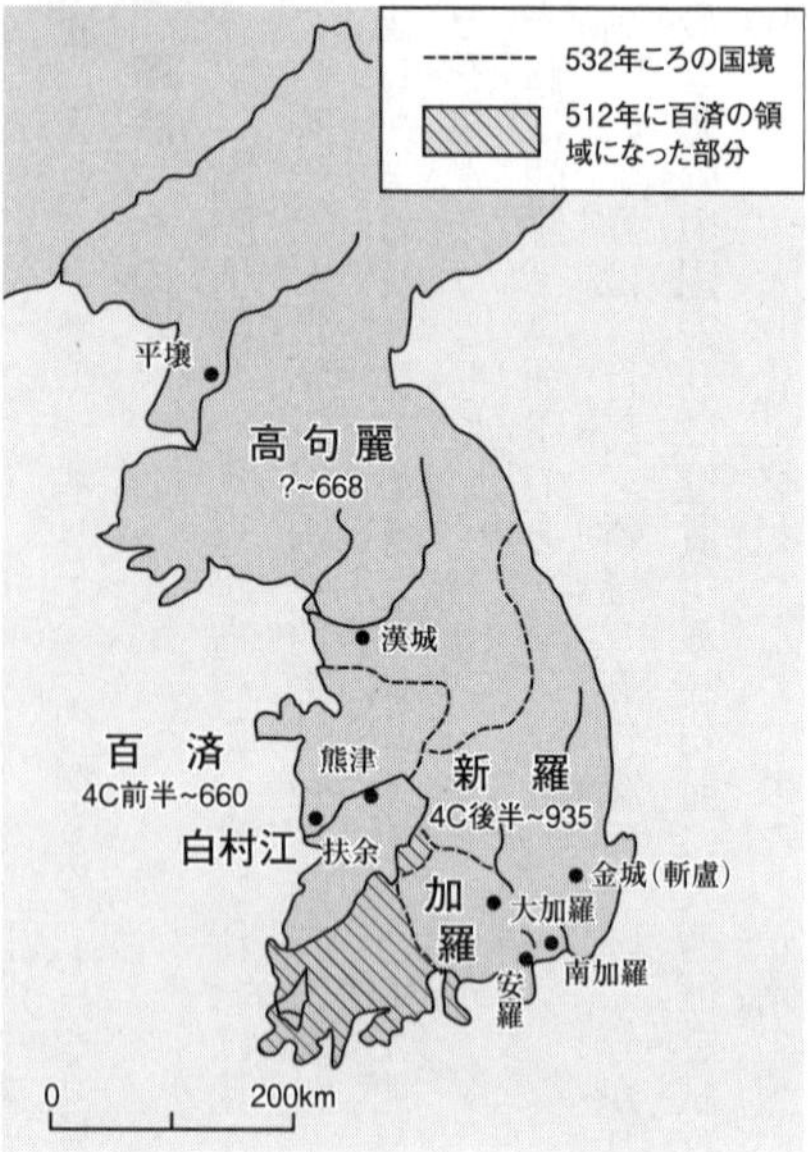

そこで、隋を滅ぼした唐は、半島攻略に当たって、朝鮮三国のうちの一国と同盟を結ぶことを考えた。のちに三国を統一する新羅である。

新羅は半島を統一したことから、当時の三国のうちで最も強盛な国家だという印象があるが、じつはこれは間違いで、新羅は当時百済の攻勢を受けて滅亡寸前だった。

滅亡寸前の国家だったからこそ、あえて半島攻略を目ざす唐と同盟を結んだのだ。唐の最終目的は半島全体をわがものにすることだ。だから、新羅にとって百済・高句麗に対抗するために唐と同盟するということは、いずれ自分の首を絞めるかねないきわめて危険な賭《か》けなのである。

これを決断したのは新羅の貴族、金春秋《きんしゅんじゅう》という男だ。のちの太宗武烈《ぶれつ》王である。

武烈王は名将金庾信《きんゆしん》と組んで、この政策を進め、まず唐の力を借りてみごとに百済を滅亡させた。六六〇年のことだ。

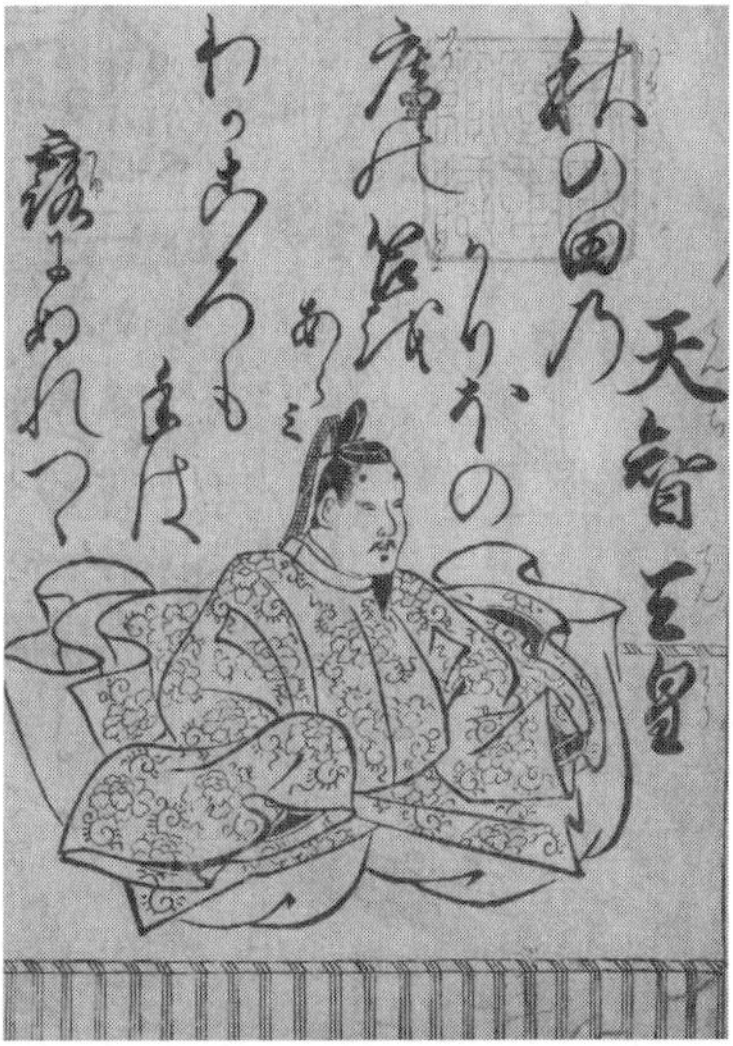

天智天皇　菱川師宣「小倉百人一首」（国会図書館蔵）より、部分

この百済滅亡に際し、当時日本の最高権力者であった中大兄《なかのおおえ》皇子（のちの天智天皇）は、日本の運命を左右しかねない重大な決断を下した。半島に派兵し、百済の遺民たちと力を合わせて唐・新羅連合軍と戦い、百済を復興させることをめざしたのである。

一歩間違えば、中大兄の決

断は日本を滅ぼすことにもなりかねない危険なものだ。

どうして中大兄はそのようなことを決めたのであろうか。

第一に、中大兄の頭には、朝鮮半島が唐の強大な力によって征服されれば、次は日本の番だという恐怖があったのだろう。これは杞憂《きゆう》ではない。

これより以前に、唐は東突厥《ひがしとっけつ》を滅ぼし（六三〇年）、高昌国《こうしょう》も滅ぼしている（六四〇年）。現代ふうにいえば唐は「覇権主義」の国である。海の向こうのことだからといって傍観するわけにはいかない。

そのためには、唐の半島完全征服をなんらかのかたちで妨害するのが一番である。そのために中大兄は半島への軍事介入を決めた。

もう一つ、日本には百済を支援するための好条件が備わっていた。それは日本に「人質」として百済王族の最後の「生き残り」余豊璋《よほうしょう》がいたこと。そして百済復興パルチザン軍の将軍鬼室福信《きしつふくしん》が、その帰還を日本に求めてきたことである。

この鬼室福信の要請に応じて、中大兄は豊璋王子を送り返し、あわせて数万の大軍を派遣した。

唐・新羅連合軍と日本・百済連合軍の対決は六六三年、半島の白村江《はくすきのえ》で行なわれた。ご存じのとおり、この対決に日本は完敗した。「四たび戦って捷《か》ち、その船四百艘《そう》を焚《や》く。煙と焔《ほのお》、天に漲《みなぎ》り、海水皆赤し」（『旧《く》唐書《とうじょ》』）というさんざんな敗北だった。百済はここに完全に息の根を止められた。

中大兄の恐怖は頂点に達した。

即位して天智天皇となった彼は、唐の侵攻に備えて西日本各地に大城塞《じょうさい》を築き、防人《さきもり》を増員し、とうとう都まで近江（滋賀県）の大津に遷《うつ》した。海沿いの難波《なにわ》（大阪市）よりも、内陸の大津のほうが安全だと思ったのだろう。

この国防体制の確立がどれほどたいへんなものだったか。新築された城の数だけでも相当なものだ。

これだけの軍事費を捻出《ねんしゅつ》するためには、重税を課さざるをえなかったはずである。またこの当時の「税」は金や品物を出せばいいというものではない。城の普請《ふしん》などの労役のほかに徴兵もある。徴兵というのは一家の働き手がいなくなるということだから、そのうえに税が重くなれば負担は大きい。

国民の怨嗟《えんさ》の声は世に満ち満ちていたはずである。

この間、大陸の情勢は大きく変化した。

唐は、新羅という「同盟国」を得てから、百済を滅ぼすことに成功したわけだが、つづいて六六八年には高句麗を滅ぼした。

天智の死で消えた唐・日本軍事同盟

ついに、半島に残るのは「同盟国」の新羅一国となり、ここで唐は「走狗《そうく》」である新羅を滅ぼそうとした。壬申の乱（六七二年）の二年後の六七四年に、唐は新羅攻略に乗り出す。しかし、この出兵は敗退に終わった。新羅は巧みに百済の故地を奪い、国力を充実させて唐を撃退したのである。

皮肉なことに、日本があれほど敵視した新羅が、唐の侵攻の防壁となったのである。

しかし、日本はこのような大陸の情勢の変化には無関心であった。

いや、無関心というのは正確ではない。天智は唐に使者を出すなど、親善に努めていた。しかし、新羅との仲はけっして良好ではなかった。

それは、日本に百済からの難民が多数帰化し、政府高官となったことも影響している。また、かつて日本が半島に所有していたと考えられる「飛び地領」任那《みまな》（加羅《から》）を滅ぼしたのが新羅であったということも、大きな原因だったにちがいない。新羅というのは、日本にとって、一種の潜在敵国であったのだ。

この間、唐も重大な外交方針の変更をした、と考えられる。唐にとって新羅は、いまや最大の邪魔者《じゃまもの》であった。**この邪魔者を、唐はこんどは日本を同盟者として、共に討とうと決意したらしい。**

「らしい」というのは、はっきりした文献的証拠が残っていないからだが、中国の伝統的戦略からみて、このことはまず間違いない。

遠交近攻（遠くの国と交わって近くの国を討つ）であり、夷《い》を以《もっ》て夷を制す（野蛮《やばん》人〔夷〕同士を争わせる）である。

唐が新羅と組んで、百済・高句麗を滅ぼしたのも、まさにこの戦略によるものだ。

また、唐が日本を同盟者に選んだという直接の証拠はないといったが、状況証拠はある。

唐は六六四年から三度ほど、日本に使者を送っている。

この使者の目的が何だったか、『日本書紀』にはまったく書かれていないので、このあたりのことは推測するしかない。

唐が最後の使者を送ってきたのは、六七一年のことだった。最後というのは、この年の十一月に使者が来たのだが、十二月には天智が「病死」してしまうからだ。そして、翌六七二年に、冒頭で述べたような経緯《けいい》で、壬申の乱が起こるのである。

注意すべきは、このあと成立した天武朝が外交方針の大転換を行ない、新羅との友好を深める政策をとったことである。

これは結果的に成功であった。

新羅は朝鮮半島にしっかりと根を張り、唐を宗主国として仰ぐことにより「半独立」の体制を保った。

その結果、日本は安全となった。半島を征服しないかぎり、日本に侵攻することは不可能だからだ。ちなみに、この前提が崩れた元《げん》の時代に、日本ははじめて大陸からの侵攻を受けた。

「親新羅」派と「反新羅」派の争い

天武朝が「親新羅」に変わったということは、天智朝はあくまで「反新羅」の立場を貫いていたということになる。そして、その「反新羅」という政策は、いまから考えると国を滅ぼしかねない危険な政策でもあった。それゆえ、そもそも壬申の乱というものは、日本における「新羅」と「百済」の代理戦争であると考えられることになる。

六七一年の時点で、唐と組み新羅を討つという考えの天智グループと、これまでの外交方針を変更して新羅と友好関係を樹立すべきだという天武グループが、深刻な対立をしていた。

そして、それが天智の死をきっかけに爆発したということなのである。

日本はかつて、中国大陸を侵略した経験があるので、どうしても中国というものを実際より低く見る傾向があるようだ。しかし、この時代の中国と日本は、まさに大人と子どもの差である。譬《たと》えてみれば、かつてのカンボジアのようなものだ。カンボジアはアメリカ、ソビエト、中国という三大強国の代理戦争の場となり、国内もそれぞれ各国派に分かれて殺し合いをした。

同じことが日本で起こったと考えればいい。

ところでいま、「天智の死をきっかけに」と書いたが、問題はこの天智の死ぬ直前に、唐から郭務悰《かくむそう》らが二千人の兵を率いてやって来たことだ。

この「二千人」はいったい何なのか。

これも『日本書紀』には明記していない。

しかし、どうやらこれは日本が白村江で負けたときの捕虜であり、唐はこの捕虜を日本に返還することによって、あることを依頼しようと考えていたらしい。

それはいうまでもなく「わが国（唐）と同盟し、共に新羅を討とう」ということだ。

これが天智の死によってついに実らなかった、と考えると、当然浮かんでくるのは次の疑問である。それは、天智の死ははたして偶然か、という疑問だ。

つまり、天智の死から壬申の乱までの経過のなかには、偶然の要素は一つもないということなのである。

しかし、そんなはずはない、『日本書紀』にはそんなことは一言も書いていないではないか、という反論が当然返ってくるだろう。

その反論には、簡単に答えられる。

それは、そもそも『日本書紀』というものは、天武の発案によりその息子や孫によって完成させられた史書だからだ。つまり「大本営発表」なのである。

こう考えれば、郭務悰の来日の目的について、『日本書紀』が沈黙しているのも理由がわかる。

つまり、それは天武側の「殺しの動機」を隠すためだということになるのである。

「天智暗殺」については、のちの項（四七頁）で述べる。

推理point

なぜ唐が二千人の捕虜を日本に返還したことが、『日本書紀』に書かれていないのか？　天武側の「殺しの動機」を隠すためである。

『日本書紀』が隠した事実とは何か

『日本書紀』を読むかぎり、天武は天智の正当な後継者であり、にもかかわらず天智が実の息子大友皇子を愛して位を譲ろうとしたことが、乱の原因のように読める。

しかし、これはけっして親族同士の内輪もめではない。国際情勢と密接に関連した「代理戦争」である。

しかも「親族の内輪もめ」と判断する材料は、「大本営発表」の『日本書紀』しかない。

つまり、天武が天智の正当な後継者であるというのも、結局はフィクションだったのではないかと考えることもできるわけだ。

『日本書紀』は、天武を「天智の同母弟《いろど》」としている。

しかし、天武（大海人皇子）が天智の弟であるということは、当の『日本書紀』の記述からみても矛盾《むじゅん》する点がいくつかある。

これも一つだけあげておけば、天武の年齢が『日本書紀』には記載されておらず、想定する手がかりもいっさいない、ということがあるのだ。
いずれにせよ、壬申の乱というものは、当時の中央政府の外交方針に対し、このままでは国が滅びると立ち上がった反対派のクーデターであったということは、確実にいえるのではないだろうか。

天武天皇　『集古十種』（国会図書館蔵）より

大友皇子　法傳寺蔵
画像提供：大津市歴史博物館、部分

●六六〇年、唐と同盟を結んだ新羅は百済を滅ぼした。六六八年には唐が高句麗を滅ぼし、半島に残るのは新羅一国になった。ここで唐は今度は新羅の攻略に乗り出したが、新羅はこれを撃退した。

●唐は、日本と同盟を結んで、共に新羅を討とうとしたと推測される。

●白村江の戦いで新羅に敗れた天智天皇は、その後も反新羅の姿勢を貫いた。新羅派の天武はクーデター「壬申の乱」を起こして帝位を奪い、外交方針を転換させ、新羅と友好を深める政策をとった。この方針転換により、新羅は朝鮮半島において半独立の立場を守り、結果的に日本が唐から侵略されることはなかった。

第二章　なぜ『日本書紀』は天武天皇の生年を記していないのか

正史『日本書紀』を疑う

大海人《おおあま》皇子は「兄」の天智天皇の息子大友「皇子」を殺し、皇位を手中におさめ天武天皇となった。六七二年の六月から六七三年にかけてのことである。すなわち大海人皇子の大和朝廷乗っ取りである（壬申の乱）。

大和朝廷の撰《せん》した国史『日本書紀』は、この間の事情について次のように記している。

大海人皇子は、天智天皇の同母弟であり、人物、識見ともにすぐれ武術にも長じていた。その大海人皇子は、長らく兄天智の政治を補佐していた。衆目の見るところ、天智の後継者は大海人皇子であるべきだった。

しかるに、天智は卑《いや》しい（皇族の出身でない）女性が産んだ息子大友皇子のほうを可愛《かわい》がり、これまで天智を助けてきた大海人皇子をしだいに疎《うと》んじるようになった。

しかし、大海人皇子はそのような天智の仕打ちを恨《うら》むことなく、みずから身を引き吉野に隠れた。それなのに天智の死後、その跡を継いだ大友皇子は大海人皇子を危険人物視し、殺そうとした。だから、大海人皇子はついに決起し（もともと大海人皇子のほうが大友皇子より人徳もあり能力もすぐれているので）、あっけなく大友皇子を倒して、みずから皇位について天武天皇となった——。

これが「正史」である『日本書紀』に書いてあるストーリーであり、教科書の記述ももとをたどればここへ行き着く。では、これはほんとうに「正しい歴史」なのか。結論をいってしまえば、私は九割がたでたらめである、と思っている。正しい一割というのは、大海人という男が（じつはこの名も怪しいのだ）大友を殺して天皇となったというところだけだ。いま「大海人」「大友」といい、「大海人皇子」「大友皇子」といわなかったのにも深い意味がある。

というのは、天智天皇が亡くなったのは六七一年の十二月で、大海人のクーデター、いわゆる壬申の乱が起こったのは六七二年の六月である。この間、約半年、当時大津京にあった朝廷の主人は大友であった。ライバルの大海人は吉野に隠れていたのだから、大友以外に主人はいない。

だとしたら、**大友は「皇子」ではなく「天皇」だったと考えるべきではないか。**

前代の天皇が亡くなったら、皇太子がただちに位を引き継ぐのが日本の皇位継承の原則である。もちろん「服喪《ふくも》（喪に服す）」ということはあるが、位はただちに引き継ぐのが原則である。これはほとんど例外はないといってよい。

それに状況からみても、天智死後の人心の動揺を鎮めるためには、早く皇太子が即位したほうがいいに決まっている。

だから、私は大友は「皇子」ではなく、この時点では「天皇」であったと思っている。このことは何も私の独自な考えというわけではなく、江戸時代に水戸派の歴史学者がすでに指摘していたことである。そして明治政府もこの考え方を受け継ぎ、大友のことを「弘文《こうぶん》天皇」とよんだ。

別に明治政府が認めたから正しいというのではなく、あらゆる状況からみて大友が天皇であったということは、まず確実だといえるということだ。では、どうして、『日本書紀』には大友のことを、天智没後も「皇子」と書いているのか？

筆を曲げているのだろう、事実を歪曲《わいきょく》しているのだろう、それにちがいない。では、どうして曲げたのか？

これは、当時の人々の思想に即して考えていけばわかる。

つまり、天皇というのは至高至尊、絶対不可侵の神聖なる帝王だったということだ。天皇に反逆することは絶対に許されない大罪である。

ところが、大海人皇子はその天皇を倒して位を奪ったのである。**だから事実をそのまま書けば、大海人は天皇に弓を引いた大悪人ということになってしまう。**

いかに「皇子」といっても天皇に反逆することだけは絶対に許されない。また、そんなことを記録しておけば、いつの日にか再び天皇に反逆する皇子が出てこないともかぎらない。この二つの意味から、大友が天皇であったという事実は、どうしても秘匿《ひとく》する必要があったのだ。

ただ大友が大津京の主人であったことは間違いないので、まだ天皇の位につく前の「皇子」の身分のままだったということにしたのである。これなら、同格の「大友皇子」と「大海人皇子」が、空白の天皇位を争うというかたちになり、皇子が天皇に反逆するということではなくなる。少なくとも倫理的にもなんの問題もなくなる。

この点からみても、壬申の乱前後について『日本書紀』にはかなりの事実の歪曲、もっと端的にいえば大海人の美化が行なわれているのは、間違いないといえるだろう。

しかし、専門の歴史学者は、なかなかそうは考えてくれない。というのは、まず文献第一主義で、とくに『日本書紀』のように国家事業としてつくられた公文書は、よほどのことがないかぎり信じるというのが、その立場であるからだ。

ある小説家が『日本書紀』の記述とは違う新説を考え、それを学者にぶつけたところ、一言のもとに否定され、その根拠を問うと、「『日本書紀』にそうは書いてない」と一喝《いっかつ》されたという笑い話のような話も伝わっている。

だが、私はそういう考え方はしない。

少なくとも『日本書紀』の壬申の乱の前後を伝える部分に、かなりの事実の歪曲があることは、歴史学の高邁《こうまい》な法則など使わなくても、常識的に考えればわかることである。

というのは、この『日本書紀』の編集担当責任者はだれかということだ。

それは、舎人《とねり》親王である。

舎人親王は天武天皇（大海人皇子）の実の息子である。実の息子が編集した父天皇の伝記なのだ。現代の裁判ですら、身内の証言というのは証拠価値が一段低いものとされる。ましてや千三百余年も昔の話である。実際に執筆したのは舎人親王ではなく、その配下の学者だろうが、そういう学者が天皇家の意に逆《さか》らって「真実」を書けるものかどうか。

へたをすれば文字どおり首が飛ぶのである。天皇の権威は絶対である。しかも、その息子がいちいち原稿に目を通す。朝廷はその天武系の人物が次々に即位している。

そんななかで、大海人についての「真実」が書けるものかどうか、これはもう常識で考えてもらうしかない。

大友が「天皇」であったという最も基本的な事実（私はそう信じる）すら書かれていないのに、そのほかの事実が書かれているわけがないではないか。

天智と天武は兄弟ではない！

では、壬申の乱の真相はいったいどういうことなのか。うそで固めた話を突き崩し、真実を明るみに出すというのは意外にむずかしい。

というのは、根も葉もないうそ八百というのは意外になく、うそというのは、なんらかのかたちで真実を土台にしているものだからだ。どこまでが真実で、どこからがうそかという境界線を引くのがむずかしいのである。

この話でいうなら、大友「天皇」が、ある男（あえて大海人皇子とはいわない）に倒され、その結果、勝者が位について天武天皇になったということは、明らかに事実である。しかし、確実なのはそれだけで、あとはどこまでが事実で、どこからがうそなのか、判断はきわめてむずかしい。

ここでそういううそを見抜く、私独自の方法を披露しよう。

それは、人はなぜうそをつくのかという問題からはじまる。何も哲学の講義をしようというのではない。簡単なことで、人がうそをつくのは何か隠したい真実があるからである。というのは、とくに強調されていること、何度も繰り返され語られていることのなかに、うそが多いということである。真実を隠したいからこそ、その逆の話を繰り返したり強調したりするのである。子どものときに、うそをついたときの心理状態を思い出していただきたい。

すると、この『日本書紀』の壬申の乱で、最も繰り返し強調されていることは何か。

じつは「大海人皇子（天武）こそ天智天皇の正統なる後継者であった」ということなのである。

まず、『日本書紀』の「天武天皇紀」の書き出しは、大海人皇子は天智の同母弟だ、という記述ではじまる。これはきわめて特異な書き出しである。

これに「うそ発見の法則」を当てはめてみよう。すると、こうなる。

大海人皇子は天智帝とは母が違い、弟でもなかった――。

これは突きつめていくと、大海人は天智とは赤の他人、それどころか皇族でもな

天皇家関係略系図

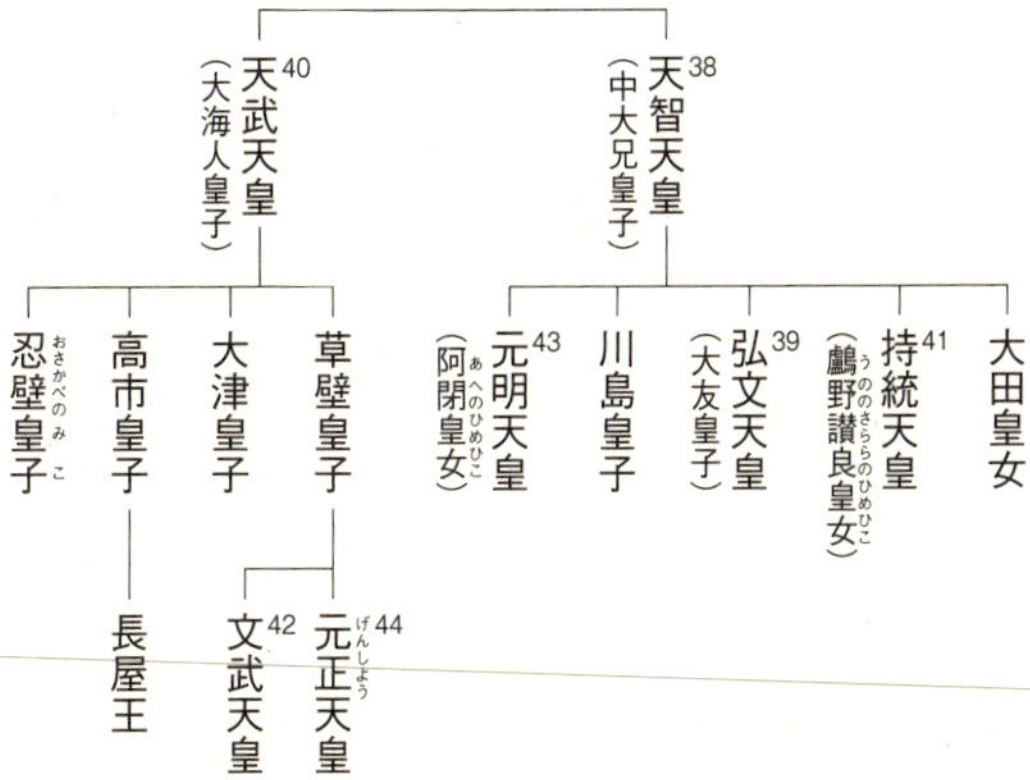

かったということになってしまう。もっとも、それはあまりにも極端で、皇族ではあったが弟ではなかったという考え方もある。

大海人は天智の弟ではないとして、皇族であったかなかったか、このあたりの判定はむずかしい。ただ、学校教育をまるごと信じている人のなかには、筆者がとんでもないうそつきだと思われる人がいるかもしれないので、念のためにいっておこう。

『国史大辞典』（吉川弘文館刊）という、最も権威ある日本史辞典がある。それで「天皇」の項を引くと、歴代天皇の一覧表がある。

ところが、天武天皇の年齢（死亡年齢）

が記載されていない。

もちろん天皇なのだから、没年ははっきりしている。だから生まれた年か、天智天皇の弟だというならいくつ違いか、それさえわかれば天武の年齢は確定するはずである。

しかし、実際には記載されていない。

ということは、専門の学者が総がかりで調べても、両方ともはっきりさせられないということなのである。

きわめて不思議なことなのだが、『日本書紀』には天武の年齢の手がかりになることが何も記載されていないのだ。これはなぜか？

いちばん合理的な解釈は、天智と天武が兄弟だったというのはうそで、ほんとうの年齢を書くと、そのうそがバレるからだ、という解釈だろう。

この解釈をもとに、私は歴史推理『隠された帝《みかど》』（祥伝社）を書いた。天智と天武の関係について正確なデータにもとづいて大胆に考証したつもりだ。ほんとうにこの問題は、突きつめると一冊の本になってしまうのである。したがって、以下すべて厳密な考証は省略させていただく。

推理point

なぜ『国史大辞典』に天武天皇の年齢は記載されていないのか？　『日本書紀』が、天智天皇と天武天皇が兄弟ではない、ということを隠蔽《いんぺい》しようとし、年齢の手掛かりになることを一切記載しなかったためである。

大友が天智天皇の正統な後継者

とにかく、確実にいえることは、むしろ大友皇子（弘文天皇）のほうが天智の正統な後継者であり、天武（大海人皇子）はわきから出て、それを奪ったということなのだ。

そして、その簒奪《さんだつ》（皇位を奪うこと）を正当化したのが『日本書紀』だということになる。したがって『日本書紀』に書かれた壬申の乱前後のストーリーは、天武系皇室の「検閲済」の「大本営発表」であるということにもなる。

だから、私は『日本書紀』に書かれたストーリー（あくまで壬申の乱の前後にかぎってだが）を、まったく信用していない。これから述べることは、私の推理だが、おそらく学校で教える歴史よりは真実に近いはずである。

さて、その前にもう一つ。先ほど述べた、『日本書紀』に天武の年齢が明記されていない理由だが、「ほんとうの兄弟ではないのを隠すため」というのでは、いま一つ掘り下げ不足なのにお気づきだろうか。

というのは、ほんとうの兄弟でないにしても、天武のほうが天智より年下なら、年齢をそのまま書いても差し支えないことになる。兄弟という「うそ」をむしろ補強する材料になる。ところが、実際には年齢は書いていないし、手がかりも残していない、となると、もうおわかりかもしれない。実際は天武のほうが年上だったのである。

うそは一つつくと、次々に重ねていかねばならなくなる。天武は天智の正当な後継者ではなかった。これが真実である。

ところが正当な後継者だったとうそをつくと、天智の子か弟にしないと、辻褄《つじつま》が合わなくなる。もし、兄としたら、天武が兄なのにどうして天智のほうが先に位についたのだ、という疑問が出てくるから、弟か子にしないとだめなのである。

ところが実際には、年上だからはっきり年齢を書けなくなる——このようにしてうそは広がっていくことになる。

この天武が天智より年上ということは、このうえもなく重大な事実である。なぜなら、正当な後継者であろうとなかろうと、天武のほうが年下なら、「年上」の天智が自然死するのを待って、それから乗っ取りにかかればいい。しかし、正当でもなく年下でもない、としたらどうか。ぐずぐずしてはいられないのである。

天武は明らかに天智の後継者ではなかった。では、実力者でもなかったか、というとこれは違う。天武は大和朝廷きっての実力者であった。なぜそういえるかというと、天智は自分の娘を四人も、次々と天武（当時は大海人皇子）に嫁がせているからである。

そのなかでいちばん有名なのが鸕野讃良《うののさらら》皇女、のちの持統《じとう》天皇である。この時代、近親結婚はめずらしくなく、叔父と姪《めい》の結婚もけっしてタブーではない。しかし、四人も「兄」の娘をもらうというのはきわめて異例である。これも、むしろ二人は兄弟ではなかったことの有力な傍証となるだろう。

天智にとって、天武はぜひとも味方につけておきたい実力者であったのだ。

では、どういう実力者か。**私の推理でいえば、ずばり天武は、日本における新羅勢力の筆頭者だったということだ。**

この時期、日本は天智＝親百済・唐派と、天武＝親新羅・反唐派とに分裂していたのである。このようななか、天智は死ぬ。『日本書紀』にいう「病死」ではない。暗殺である（次章で詳述する）。

天智が暗殺されると、吉野に雌伏《しふく》して時機をねらっていた天武は、ただちに挙兵した。

相手は天皇であるが、このときまでに天武側の裏面工作は全部終わっていた。天武は、巧みに近江朝廷と東国の連絡を断ち、大宰府《だざいふ》の司令官である栗隈《くりくま》王を味方につけた。前日まで官軍であったはずの大友軍は、敗走に敗走を重ね、ついに大友は自殺する。その首を、あの美濃《みの》（岐阜県）の関ヶ原で首実検したのが天武その人であった。

このときに天武天皇が誕生し、その結果「大海人皇子」が誕生したのだと私は思う。それまで大海人「皇子」などいなかったのに、天武「天皇」が即位してしまったために、その前身は「皇子」であったとしなければ、辻褄が合わなくなったのである。

こうして、前代未聞の大和朝廷乗っ取りは成功した。

たしかに「正当」かどうかなどという愚にもつかぬ形式論を排除すれば、天武天皇は古代史有数の傑物《けつぶつ》の一人であったことは間違いない。

・天智天皇が亡くなったのは六七一年十二月で、壬申の乱が起こったのは六七二年六月である。この間、天皇の位が空位であったとは考えづらい。大友皇子が即位し天皇となったと考えられる。

・天皇に対して弓を引くことは大罪に当たる。ゆえに、『日本書紀』では大海人が大友「皇子」を討った、という記述になっている。

・大海人皇子は天智帝とは母が違い、弟でもなかったのではないだろうか。天智と天武が兄弟であったといううそがバレるのを避けるために、『日本書紀』には天武天皇の年齢の手がかりになることは何も記載されていない。大友皇子こそが、天智天皇の正統な後継者であったのだ。

・さらに考察を深めると、『日本書紀』に天武の年齢が一切記されていないことから、「天武は天智よりも年上であった」と考えられる。そして、天智より年上であるがゆえに、天武は天智の自然死を待つわけにはいかなかった。

第三章 〝天智暗殺〟の真犯人は誰か

歪曲された『日本書紀』

『日本書紀』というのは壬申の乱ののちに、勝者の側で編集された記録であるということはすでに述べた。

権力者というのは、洋の東西を問わず、勝者に都合よく事実を歪曲《わいきょく》する可能性がある。

そのことに気づいた賢明なる中国民族は、王朝の歴史の編集を次の王朝にゆだねた。簡単にいうと、A王朝の歴史は、A王朝がつづいている間は編集しない、ただ史料を保存しておくだけだ。そしてA王朝が滅び、B王朝ができた段階で、はじめてA王朝の歴史をB王朝の史官が編集する。

そしてB王朝自身の歴史は、次のC王朝に任せるのである。こうすれば権力者の口出しを阻止《そし》することができる。

A王朝が健在な間に、A王朝の史官が皇帝や皇帝の先祖について批判がましいことを書けるわけがない。たとえば、その皇帝が悪事を行なったとしても、そのまま書いたりしたら首が飛ぶ。だから、結局、事実を曲げ解釈を歪《ゆが》めて、歴史を記すことになってしまう。

では、日本ではどうかといえば、ご存じのように王朝交代はなかった。日本の天皇家は「万世一系」で切れ目がない。ということは、中国のような客観性の高い史書は求めても得られないということだ。いわゆる「六国史《りっこくし》」のなかには、そのなかに登場する天皇の在世中に編集されたものすらある（例『続日本紀《しょくにほんぎ》』）。

したがって、日本の史書、とくに「六国史」は、大和朝廷が朝廷自身の歴史を編集したものであるがゆえに、中国の史書などに比べれば事実の歪曲が多いはずだということはいえよう。

とくに古代史を扱う者は、この点に注意しなければいけない。日本の歴史学者は、この点に関する認識が甘いように思われる。失礼な断定かもしれないが、この点についてはのちほどくわしくふれることにする。

天智天皇の後継者争い

さてそこで、壬申の乱前後についても、勝者の側からなんらかの正当化が行なわれているはずだ。

そのなかで、いまでも容易に指摘できるのは、すでに触れたように、大友皇子が「天皇」だったという点だ。

天智天皇が没して壬申の乱が起こるまでの間、大友皇子が即位しなかったということは、まず考えられない。では、どうして「天皇」と記さず「皇子」と記したのか。どっちみち殺したんだからどうでもいいじゃないかというのは、古代人の考え方を知らない人のいうことだ。

皇子同士ならたんなるライバル関係だが、相手がいったん即位して天皇になってしまえば、それは絶対の君主である。殺せば「大逆罪」だ。万死に値《あたい》する罪である。その罪を犯した人間が皇位を継ぐなど、とんでもない話である。だから、どうしても大友「皇子」は皇子のままだったという「うそ」が必要だったのだ。**天皇に挑戦するのは許されないが、天皇位を皇子同士が争うのは許される、という論理だと考えればいいだろう。**天皇に挑戦するのが許されるなら、後世そういう人間がまた出現する恐れがある。大友「天皇」を史書から抹殺《まっさつ》したのは、そんな事態を防ぐねらいもあったにちがいない。

では、ほかにも事実が歪曲されてはいないだろうか。いや、まだまだある。**私は天智天皇と大海人皇子（天武天皇）が兄弟であったという『日本書紀』の記述に疑いをいだいている。少なくとも母を同じくする弟（同母弟《いろど》）ではないと思っている。**『日本書紀』は壬申の乱にいたる天智の後継者争いについて、次のように記載している。

（一）大海人皇子は、天智の同母弟である。（したがって血統は正しい）
（二）天智は一時、大海人を皇太弟として、後継者に考えていた。（本来は大海人が後継者だった）

(三) しかるに、息子の大友皇子が成長するにつれて、これを可愛がり跡を継がせたいと考えるようになった。(天智は心変わりした)
(四) 大友皇子の母は、伊賀《いが》から来た采女《うねめ》である。(したがって血統は大海人より悪い)
(五) 天智は、大海人の存在を疎《うと》ましく思いはじめた。(天智は身勝手である)
(六) しかし、大海人は天智が臨終の床で位を譲るといったのに、それを断わり身を引いた。(天智はずるいが、大海人は知恵者で潔《いさぎよ》い)

以上(一)〜(六)についてカッコ内に記したのは、直接記されてはいないが、その記述によって通常の人間が感じる感想といったものである。

(六)のカッコ内がわかりにくいと思うが、『日本書紀』の記述を読むかぎり、天智は大海人がイエスといったら殺す意図があったとしか思えない。

なぜなら、『日本書紀』はこの直前に、蘇我安麻呂《そがのやすまろ》が大海人に「言葉に用心するよう」注意を与えたと記しているからである。うっかり「即位します」などと答えたら殺されるぞという警告だろう。

（一）から（六）まで、カッコ内をつなげてみるとこうなる。

天智は、もともと血統正しい同母弟の大海人を後継者に考えていた。しかし、息子の（あまり血統のよくない）大友皇子が成長すると、心変わりして身勝手にも大友を後継者に替えた。そればかりか、罠《わな》をかけて大海人を殺そうとさえした。しかし、賢明なる大海人はうまくその罠から逃れた——。

こうしてみると、大海人が大友を滅ぼして天皇になったのは、当然の成り行きだったように思えてくる。すべては天智のわがままが原因で、本来の後継者たる大海人が回り道をしたにすぎない、と。これが「正当化」という作業である。

この論理は、もし（一）の「大海人皇子は天智の同母弟である」が事実でないなら、すべて崩壊する。（二）も（三）も、（四）のカッコ内も（五）も、そして後継者でない者を臨終の床によぶ（六）もありえなくなる。

とくに問題なのは（六）である。臨終の床に大海人をよんだというのが、もしフィクションなら、天智天皇はいったいどのようにして亡くなったのだろうか。

天智天皇は暗殺された

『日本書紀』の記述があてにならないとすると、どうすればいいだろうか。まず、ほぼ同時代の記録として『万葉集』を見てみよう。

天智天皇の臨終に際しての歌は三首あるが、問題はその二番目の歌（巻第二―一四八）である。

青旗《あおはた》の木幡《こはた》の上を通ふとは
目には見れどもただに逢はぬかも

木幡（地名）の山の上を、あなた（の魂）が行き来しているのが、目には見えますけれども、直接会うことはできない（それが悲しい）。

皇后の歌である。木幡は宇治《うじ》付近に現在もある地名だが、この歌は解釈しにくい歌として定評がある。まず、木幡の上をただよっているものが何かということだ。

ふつうは天智の魂だと解釈する。では、その魂はなぜ木幡の上を行き来しなければならないのか。どうして「目には見」えるけれども「会」うことはできないのか。それにどうして都（当時は大津京）から遠く離れた木幡に魂は行ったのか。

この謎《なぞ》を解く有力な鍵《かぎ》は、平安時代の僧皇円《こうえん》が書いた十二世紀ごろの史書『扶桑《ふそう》略記《りゃっき》』にある。この史書は天智天皇の最期《さいご》について、次のようなじつに奇怪な記事を載せている。

「天智天皇十年、十二月三日天皇崩《ほう》ず、天皇馬に駕《が》して山科《やましな》の郷《さと》に幸《みゆき》し、更に還御《かんぎょ》なし、永く山林に交《まじわ》りて崩ずる処《ところ》を知らず、唯《ただ》其《そ》の履《は》ける沓《くつ》の落つる処をもって其の山陵となす。以往諸皇因果を知らず、恒に殺害を事とす」

つまり、天智天皇は十二月三日に病死したのではない。馬で山科に出かけたところ、それきり帰って来なかったのだ（行方不明になった）。しかたがないので、その沓の落ちていたところを墓とした、というのである。

そのあと傍線を引いた部分は意味不明である。いちおう、このように読み下してはみたが、専門家でもここは読めない。何文字か脱落している（させられている）らしいのだ。

不思議なことに天智の墓はいまも山科にある。不思議というのは、天智は飛鳥京《あすか》（奈良）に生まれ、難波京《なにわ》（大阪）に遷都し、大津京（滋賀）で亡くなっている。だから山科（京都）とは全然無縁の人である。京都が都（平安京）になったのは天智天皇没後百二十年ものちのことだ。当時はただの草深い田舎《いなか》である。しかも、さらに興味深い事実は、この山科の天智陵が地元ではなんと「沓塚《くつづか》」とよばれていることだ。

これらのことを総合して考えてみると、結論は一つしかない。**すなわち、天智天皇は暗殺されたのではないか、という結論である。**

天皇はなんらかの理由で、大津から山科まで馬で出かけたところを、襲撃されたのだろう。襲撃者はその痕跡《こんせき》を注意深く隠したが、沓だけが現場に残された。近江朝廷では遺体が見つからないのでしかたなく沓だけ葬って墓とした――。

こう考えると、天智が木幡の山の上を迷っている、会うことはできないが、という皇后の歌も意味がはっきりする。『日本書紀』の臨終の記事では、なぜ天智が山科に葬られたのか、なぜ天智の魂は迷わなければならないのか、という点が説明できないのである。

たぶん読者は、天智暗殺説などは初耳だと思う。歴史の本にはまずこの話は載ってはいない。なぜかというと、それはいわゆる歴史学者が『扶桑略記』の記事をまったく信用できないものと決めつけているからだ。

その理由は、まさに単純明快であり、素朴《そぼく》な史料批判論といったものである。

つまり『扶桑略記』は、十二世紀ごろに書かれた一個人の著作であるが、『日本書紀』はそれよりずっと古く八世紀に編まれた官撰の史書である。だから『日本書紀』のほうが信用できる、という論理である。

たしかに一般論でいえばそのとおりだ。しかし、先にも述べたとおり、日本の官撰の史書はとくにその客観性に問題がある。『日本書紀』は勝者である大海人皇子（天武天皇）自身の命令によって、その息子の舎人《とねり》親王らが編集に当たり、天武の孫の元正《げんしょう》天皇の時代に完成した史書である。大海人の徳望を損じることが記載されているはずがない。

一方、『扶桑略記』は、たしかに成立は遅いが、逆に約四百年も経過しているということは、俗にいうほとぼりがさめている状態である。

現在でも「私が生きている間は公表できない」とか「何十年後に公表すること」という事例はよくある。関係者が死に絶えているからこそ、かえって真実を公表できるのだ。しかも『扶桑略記』の著者皇円《こうえん》は天台宗の僧侶で、阿闍梨《あじゃり》の位を得た、当時第一級のインテリ。なおかつ、浄《じょう》土《ど》宗の開祖法然《ほうねん》の師匠に当たる人でもある。

大津京跡周辺図

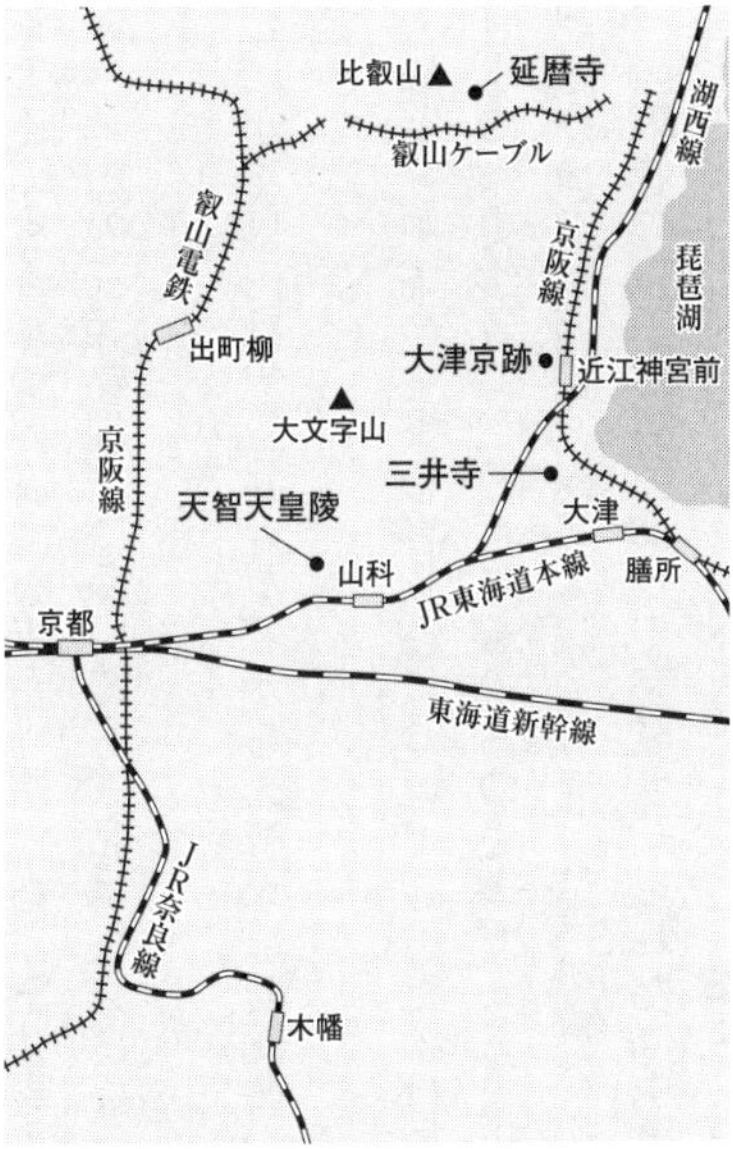

こういう人が、天台宗とも関係の深い天皇家の事跡について、いい加減なことを書くだろうか。しかも、その天台宗の総本山がある比叡《ひえい》山はどこにあるか、よく地図を見てほしい。大津京のすぐ近くではないか。

延暦《えんりゃく》寺《じ》ができたのは平安時代に入ってからだが、

すぐ近くのもう一つの有力な天台寺院である三井寺《みいでら》は大津京の滅亡直後に建立されている。この三井寺創立についても、私は従来にない新説をもっているが、ここではふれまい。

とにかく皇円は、三井寺などから天智天皇の死についての伝承を容易に得ることができたはずだ。

先ほど、中国の史書の客観性について述べたのはこのためである。

日本の歴史学者は、四百年ものちの史書だから信用できないというが、私はむしろ認識が逆で、四百年経ったからこそ真実が書けたのだと思っている。少なくとも、当事者の息子や孫によって完成させられた「史書」よりは信じられる。

では、「天智暗殺」の真犯人はだれか。証拠はない。しかし、もはや指摘するまでもないだろう。

その犯罪によって最大の利益を得た者が犯人である。その人物はおそらく大友皇子に対して正当な継承権を主張できる立場になかった。

だから、天智は大友に跡を継がせたのである。だが彼は不服で大友を滅ぼした。

そして、その後、いかにも自分が正当な継承者であったかのように歴史を改変させたのだろう。だからこそ「史書」の編纂《へんさん》を命じたのである。

ところで、天智天皇の遺体が山科陵にないとすると、その後どうなったか。

山科から山一つ越えた宇治の木幡に、明治年間まで「天智天皇の墓」なる伝承地があった。残念ながら明治のころ「不敬罪」になる恐れがあるとのことで、墓石に当たる碑が撤去されてしまったそうだ。

私が新作取材のため、その地を訪れたとき、もと石碑が置かれていた場所には人家が建っていた。そして石碑だけは近くの寺に移されていた。

実見すると、それほど古いものではないが、少なくとも百年ほど前まで、この地が天智天皇の真の墓所と、この近辺では信じられていた証拠ではある。

・『日本書紀』は事実の歪曲が多い史書であると見なさなければ、歴史の真実にたどり着くことはできない。

・『日本書紀』は、「大海人が大友を滅ぼして天皇になったのは、すべて天智天皇のわがままが原因だ」と読めるような書き方になっている。

・平安時代の僧皇円が書いた十二世紀ごろの史書『扶桑略記』には、「天智天皇が馬で京都の山科に出かけたところ、それきり帰ってこなかった」と述べられている。当時の山科は草深い田舎で、天智とは無縁の土地である。さらに、山科の天智陵は、現地では「沓塚《くつづか》」とよばれている。これらのことから、天智天皇は暗殺されたのではないか、という結論が出てくる。

・天智暗殺の犯人は誰か。その犯罪によって最大の利益を得た者であろう。

第四章　猿丸大夫とは何者か

百人一首の「奥山に……」の作者は別にいる？

『百人一首一夕話《ひとよがたり》』という、江戸時代に書かれた百人一首解説書がある。大坂の国学者尾崎雅嘉《まさよし》という人の著で、作者の来歴、歌の解説、そのエピソードという順番で、百人一首に登場する歌人とその作品を紹介したものである。

百人一首の第五番目の歌人として、猿丸大夫《さるまるだゆう》が登場する。そこで『一夕話』の猿丸大夫の項を見ると、まず最初に「父祖官位共に詳《つまびらか》ならず」と書いてある。

さらにエピソードの部分を見ても、ほかの歌人の紹介とはまるで異なり、猿丸大夫がどういう人物か、あるいはどういうことをしたかという点については、ほとんんど何も書いていない。

著者の尾崎雅嘉もよほど困惑したのか、五百字にも満たない紹介のあと、猿丸大夫は弓削道鏡《ゆげのどうきょう》であるという異説を批判し、道鏡とはいかなる人物であるかを述べ、お茶を濁《にご》している。

つまり、本来ならば猿丸伝を書かなければならない部分が半分以上、道鏡伝になっているわけである。どうして、このような奇妙なことになったのか、その理由は簡単で、昔から猿丸大夫の経歴や伝記はいっさい伝わっていないからである。

そればかりか、確かに彼の作品だといいきれる歌も一つもない。百人一首に採《と》られている、

奥山に紅葉《もみじ》踏み分け鳴く鹿の
　声聞く時ぞ秋は悲しき

右の歌も、おそらく猿丸大夫の作ではないだろうといわれている。しかし、それにもかかわらず、猿丸大夫は平安のころから〝大歌人〟とされており、藤原公任《きんとう》が

猿丸大夫　「業兼本三十六歌仙絵」（五島美術館蔵）より

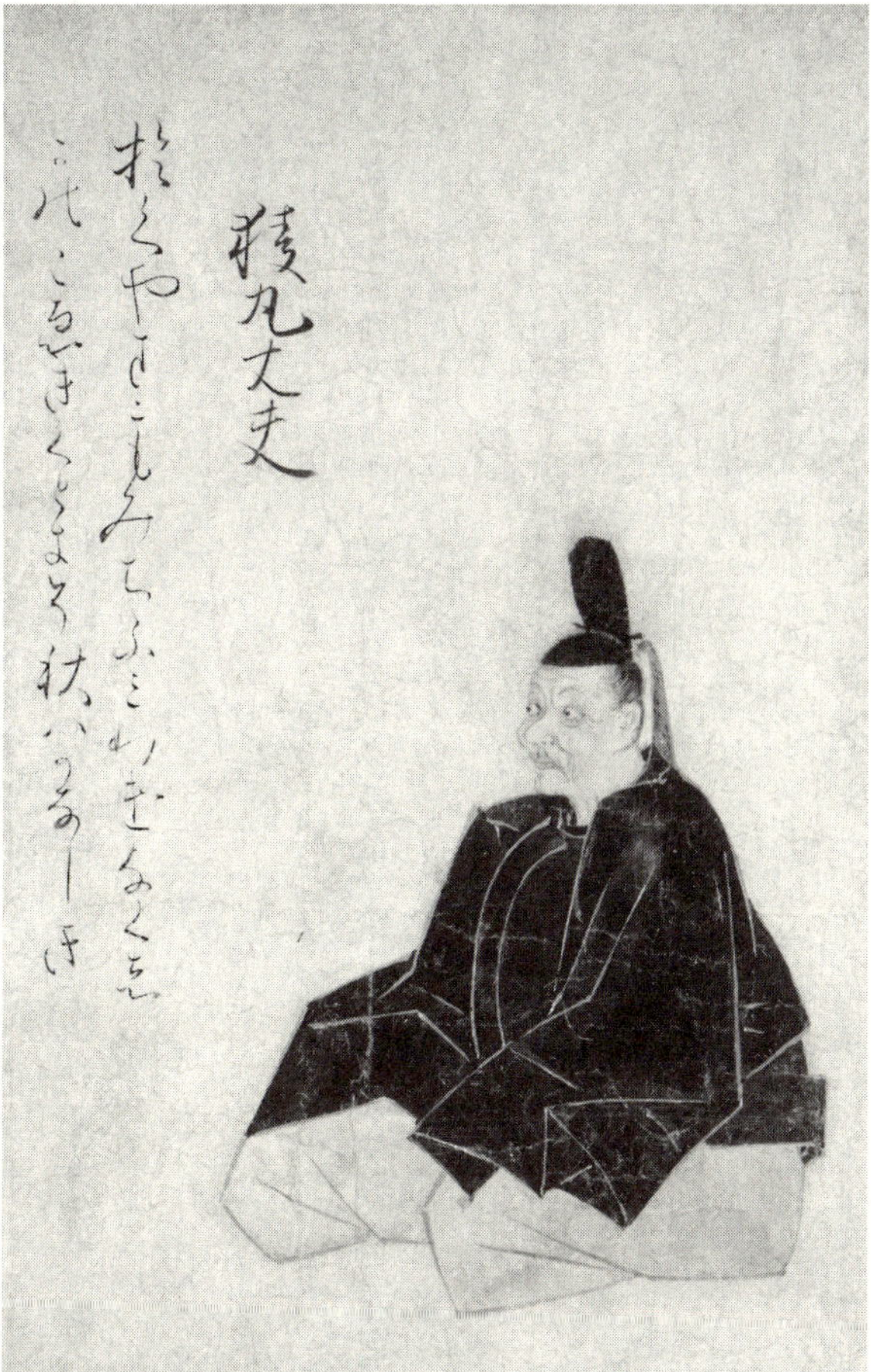

選んだ「三十六歌仙」にも入っているのである。平安の後期には、柿本人麻呂《かきのもとのひとまろ》（人麿）、紀貫之《きのつらゆき》、在原業平《ありわらのなりひら》、小野小町《おののこまち》らとともに重要な歌人として考えられていたことが、これでわかる。

現在、猿丸大夫について確実にわかっていることを述べると、生没年不詳、経歴不詳、作品不詳――ということになる。要するに何もわかっていないのである。これは公任が「三十六歌仙」を選んだ時点、つまり平安時代でも同じだったはずである。**作品がないにもかかわらず、猿丸大夫はなぜ大歌人の列に加えられたのだろうか。**彼の正体を解く鍵《かぎ》は、どうやらこのあたりにありそうである。

地方には痕跡が残っている

では、歴史上に現われる猿丸大夫の痕跡《こんせき》をたどってみよう。

猿丸大夫の名が文献にはじめて出てくるのは、十世紀初めに編集された最初の勅撰集『古今和歌集』（以下『古今集』）の真名序《まなじょ》（漢文体の序文）においてである。

そこには「古猿丸大夫之次也」という部分がある。その直前に「大伴黒主《おおとものくろぬし》之歌

（大伴黒主の歌風は）」という文があり、「古《いにしえ》の猿丸大夫の次《つぎて》なり（昔の猿丸大夫の系統である）」というふうにつづくことになる。

六歌仙の一人、大伴黒主（九世紀後半の人）の歌風が、〝古の（それよりずっと以前の）〟猿丸大夫の系統だというのであるから、真名序を書いた紀淑望《きのよしもち》は、猿丸大夫を少なくとも九世紀前半以前の人物と考えていたことがわかる。

ところで、『古今集』以前の和歌集といえば、『万葉集』が最大にして唯一といってていいほどのものであるが、この歌集には猿丸大夫の作歌は一つも見当たらない。十世紀初頭の『古今集』に〝古の〟と形容された歌人が、それ以前の『万葉集』にも、それ以後十世紀までのその他の書物にもまったく見当たらないのである。

そればかりか、『古今集』以後の勅撰集である『後撰和歌集』『拾遺《しゅうい》和歌集』にも、猿丸大夫の名は見えず、平安後期になって、三十六歌仙の一人として突然文献上に再び登場するわけである。

三十六歌仙の一人となった猿丸大夫は、そのときはじめて〝自分の歌〟というものをもった。それが百人一首にも採られている「奥山に――」のほか、「をちこちのたつきもしらぬ山中におぼつかなくもよぶこ鳥かな」「日ぐらしの鳴きつるなへに日は暮れぬと思へば山の陰にぞ有ける」の三首である。

しかし、これは『古今集』に〝読み人知らず〟として収録されている歌であり、『古今集』の序文に「古の猿丸大夫」と記されている以上、猿丸大夫の歌であるはずがない。その三首がほんとうに猿丸大夫の歌ならば、『古今集』の編者たちは作者名を明記したにちがいなく、また『古今集』よりはるかに古い歌のはずなのに、あまりにも〝古今調〟にすぎるからである。

また『古今集』以後、『猿丸大夫集』という歌集も出現するが、この歌集も多くは〝読み人知らず〟の歌で構成されており、同じ理由で猿丸大夫の真作とは認められない。

世に「幻《まぼろし》の――」という芸術家は数多く存在したし、これからも出現するであろうが、少なくとも、そういう人たちは確かな作品というものをもっていた。絵画にしろ、彫刻にしろ、刀剣にしろ、確かな作品が存在し、それから伝説が派生するということはある（正宗、俵屋宗達《たわらやそうたつ》など）。

また歴史上実在したか、しなかったか不明な人物だが、来歴や事績についてはよく伝わっているという例もある（武蔵坊弁慶《べんけい》や武田信玄《たけだしんげん》の軍師山本勘助《かんすけ》など）。しかし、猿丸大夫はこのどちらにも当てはまらず、事績なし、エピソードなし、存在自体不明確、それなのに〝大歌人〟というまことに奇妙な謎の人物なのである。

猿丸大夫のエピソードは何もない——といったが、これは確かな文献のうえのことで、地方へ行くと、じつにさまざまな猿丸大夫の旧跡や口碑《こうひ》伝説が残っていることに驚かされる。

まず、猿丸大夫を祭った神社だが、私の知っているかぎりでも、京都府と石川県と長野県にある。京都府の猿丸神社は、滋賀県との県境に近い綴喜《つづき》郡宇治田原町にあり、相当な山奥だが、いかにも由緒《ゆいしょ》ありげな古社が鎮まっている。

また兵庫県芦屋《あしや》市の芦屋神社は、かつては「猿宮《さるみや》」とよばれ、境内には猿丸大夫の墓といわれる宝塔があり、周辺には猿丸姓を名乗る一族が古くから住んでいる。

一方、栃木県日光市の二荒山《ふたらさん》神社には、昔、赤城《あかぎ》山の神と男体《なんたい》山の神が争ったとき、男体山の神が弓の名手〝猿丸大夫〟の助勢を得て戦いに勝利をおさめたという伝説が残っており、毎年一月四日には、猿丸大夫の故事にちなんで、赤城山へ向けて矢を放つという「武射祭《むしゃさい》」の神事がいまも行なわれている。

そのほかにも、猿丸大夫の墓、猿丸大夫の館《やかた》跡などといわれる場所が、畿内《きない》や長野、石川、福島の各県など全国各地に分布している。

中央の文献では経歴不詳の猿丸大夫だが、地方ではじつに多くの痕跡を残しており、その数は小野小町や在原業平の旧跡にまさるとも劣らない。

どうして地方だけに、猿丸大夫の痕跡が数多く残されているのか、これも猿丸大夫の謎を解く一つの鍵といえそうである。

推理point

文献に何のエピソードも登場しない「大歌人」猿丸大夫は、地方には多くの痕跡を残している。このあたりに、猿丸大夫の正体をつきとめる鍵がある。

各地を放浪する〝巡遊伶人〟

それでは、これまで猿丸大夫の正体について、どのように考えられてきたのだろうか。

まず最初に現われるのは、猿丸大夫は〝聖徳太子の孫〟弓削王《ゆげのおう》であるという説である。

ところが、聖徳太子の孫は、その父である山背大兄王《やましろのおおえのおう》とともに蘇我入鹿《そがのいるか》に全員殺されているはずであり、その子孫が猿丸大夫というのも疑わしい。

弓削皇子という人は歴史上実在するが、この人は天武帝（在位六七三〜六八六）の子で『万葉集』にも歌を残している。じつは先に述べた『猿丸大夫集』で、猿丸大夫作の歌として載せられている歌のなかに、『万葉集』で弓削皇子作とされている歌が三首入っているそうである。猿丸大夫＝弓削王説は、この弓削皇子との関連から出てきたものと考えられる。しかし、『猿丸大夫集』が後世の偽作であるとみられること、弓削皇子が猿丸大夫を名乗る理由が見当たらないことから、この説はどうも成立しがたいように思われる。

この〝弓削〟という名の連想からだろうか、本章の冒頭でも触れたが、猿丸大夫は弓削道鏡であるという珍説まで生まれた。この人物はご存じのように、奈良時代、孝謙《こうけん》女帝にとり入って太政大臣禅師、法王にまで出世し、女帝との道ならぬ仲をうわさされた怪僧だが、これを猿丸大夫とするのは弓削皇子の場合以上に根拠が乏しいようだ。

次に、日光二荒山(ふたらさん)に伝わる伝説があげられる。先ほども述べたとおり、赤城と男体の神争いの折、男体の神を助けたのは〝猿丸大夫〟だとされている。日光地方に伝わる伝説では、猿丸は小野氏（聖徳太子の時代に、隋《ずい》に派遣された小野妹子《おののいもこ》の子孫）の系統で、小野猿丸というのが本名だとされている。

これについて、書家町春草《まちしゅんそう》氏は、先祖が代々、日光三社権現《ごんげん》の社務職を務めた家柄であるが、その系図には「妹子――毛人《えみし》――馬王――毛野《けぬ》」とあり、『日光山縁起』にも「馬頭中納言の子、小野猿丸」とあるから、猿丸＝小野毛野ではないか、と推測されている。毛野は従三位中納言まで昇進した人物で、ちょうど八世紀初めの人であるから〝黒主から見ると古《いにしえ》の人〟になるという推論である。

近代になると、歴史学とは別の観点から猿丸大夫の正体を探ろうという試みも起こってくる。その一つは民俗学的な観点によるもので、柳田国男、折口信夫《おりくちしのぶ》がその先達となっている。

この人たちの考えを一言でいうと、猿丸大夫とは個人の名ではなく、ある特殊な集団の一員であることを示す資格の名であることになる。より具体的にいうと、猿丸大夫とは小野氏の氏神の祭主の資格である、という説である。

今日の表現でいえば、〇〇会社課長というのは職名であり何人もいて、特定の個人をさすのではないのと同じように、猿丸大夫は歴史上何人もいて、平安時代の猿丸大夫、室町時代の猿丸大夫、近江の猿丸、信濃《しなの》の猿丸といったように、各時代、各地域に分散していた――とするものである。彼ら〝猿丸たち〟は〝巡遊伶人《じゅんゆうれいじん》〟となって各地をめぐり、歌を詠《よ》み神事を行ない、足跡《そくせき》を残したと考えるのである。

こう考えれば、各地に猿丸の遺跡が多数存在することも、うまく説明できる。けれども、なぜ彼らが猿丸大夫と名乗ったのか、なぜ猿丸が大歌人とされたのかという問いには、この考え方では答えられない。

仮に、彼らが小野氏の氏神を自らの神とする巡遊伶人だったとしても、そのシンボルとなる〝猿丸大夫〟がどこから出てきたのかは依然として疑問のままである。やはり、彼らの前に神格化、偶像化されるような〝原・猿丸大夫〟ともいうべき人物が存在し、彼らはそれを受け継いだのではないか、と考えざるをえないのである。

そこで、話を振り出しに戻すと、この〝原・猿丸大夫〟はだれかということである。

る。

〝原・猿丸大夫〟はだれか？

ところで、『続日本紀』の和銅元年（七〇八）の記事に、柿本朝臣佐留《かきのもとのあそんサル》という人物の死亡記事が載っている。

昔の言い方では、サルのことをサルマル（またはサルマロ）ともいうので、この人物はサルマルと考えてもいいわけである。したがって、この人物を猿丸大夫に比定する説も古くからある。先の『百人一首一夕話《ひとよがたり》』にも、猿丸大夫の出自《しゅつじ》について、「或説に元明《げんめい》天皇の時の人なりといへるは、続日本紀に柿本朝臣佐留卒《しゅっ》すとあるを、この人の事と思ひ誤りたるなり」（傍点筆者）とある。

著者の尾崎雅嘉《まさよし》は、柿本佐留が猿丸大夫だという説を検討に値するものとは考えていなかったことがわかる。たしかに、類似しているのは名前だけで、ほかになんのエピソードも伝わらない柿本佐留と猿丸大夫を結びつけるのは無理のようにみえる。少なくとも猿丸大夫に擬《ぎ》する人物は〝大歌人〟でなくてはならないのだから。

ところが、二十年ほど前のことであるが、哲学者の梅原猛氏が、この問題に関して破《は》天荒《てんこう》な新説を発表した。以下、それを紹介しよう。

もともと氏の考察は、猿丸大夫ではなく柿本人麻呂についてのものであった。それまで国文学界で常識とされていた、身分の低い官人という人麻呂像を徹底的に破壊したのが、梅原氏の人麻呂論である。

柿本人麻呂　菱川師宣「小倉百人一首」（国会図書館蔵）より、部分

まず氏は『万葉集』にある人麻呂が〝死にのぞんで〟つくった歌に着目し、独自な解釈から人麻呂は刑死させられたのだと考える。では、なぜ刑死させられたのかという点だが、それは人麻呂がこれまで伝えられてきたような身分の低い官人ではなく、一種の〝政府高

官〟であったと位置づけ、その死は政治闘争における敗北の結果だとするのである。

　くわしい論証は梅原氏の『水底の歌』（新潮社）上下二巻を見ていただくとして、一つだけ人麻呂の地位が高かったことを証明する史料をあげておくと、それは先ほども紹介した『古今集』の序文なのである。仮名序《かなじょ》（仮名まじりの序文）に、〝おほきみつのくらゐかきのもとの人まろ〟（正三位柿本人麿）とある。現代の学説では、この文を筆者の事実誤認か、後世の挿入と考えられているが、梅原氏はそういう考え方がいかにおかしなものであるかを事こまかに論証している。

　では、人麻呂が高い地位にある官人ならば、どうして正史（官撰の史書）に名をとどめていないかという問題が残る。通説が人麻呂を一貫して身分の低い人と考えるのも、理由のあることで、その最大の理由が柿本人麻呂の名が正史に出てこないということなのである。

　そこで氏は、人麻呂は別の名前で正史に出ていると主張する。その別名というのが先ほど出てきた〝柿本佐留〟なのである。

　では、なぜ〝人麻呂〟が〝サル〟になったのか、それは政界から失脚し政治犯となった〝人麻呂〟が罪人として貶《おとし》められた名を与えられた、それが〝サル〟という名だというのである。また、氏は、人麻呂は大夫（官職名）だったとしており、猿丸も〝大夫〟であることから、**柿本人麻呂と猿丸大夫は同一人物だと結論づけている。**

すなわち、猿丸大夫とは、不幸な死を遂げ、歴史の闇のなかに葬り去られた人麻呂の伝承が伝えられる経過のなかでできた異名であるとするのが、梅原氏の結論になる。

江戸時代、歌舞伎台本のなかには実際の事件に取材したものがあった。しかし、とくに武家社会のできごとにヒントを得たものは、幕府を憚《はばか》ったのか、時代設定を変えてある。たとえば、赤穂《あこう》浪士の討ち入りを描いた「仮名手本忠臣蔵《かなでほんちゅうしんぐら》」は、室町時代の話にしてあり、主人公大石内蔵助《くらのすけ》も大星由良助《ゆらのすけ》として登場する。また豊臣秀吉という名前もタブーに近く、真柴又吉などとよばれたようである。

これとは多少事情が異なるが、梅原氏は猿丸がなぜ〝歌なき大歌人〟であったか――という問いの解答として、彼が政治犯とされたため、その名を人々が口にすることは憚られたからであり、それゆえに猿丸大夫というよび方が生じたとしている。そして、いつの日か猿丸がほんとうはだれであったかが忘れ去られ、ただ〝大歌人〟であったという伝承だけが残ったとしているのである。

梅原説は、学界から従来の通説を無視しすぎているとして猛烈な反発を受けたが、何よりも猿丸が〝歌なき大歌人〟である理由を明確に解明している点が強みで、やはり猿丸大夫の正体について考察する者が避けて通れない説だと思う。

〝ヒト〟か〝サル〟か？

最後に私見を述べよう。

じつは、私は梅原氏の『水底の歌』をヒントにして『猿丸幻視行』（講談社）という小説を書いた。これは純然たるフィクションだが、そのなかで私は私なりの〝猿丸正体論〟を展開した。

それを簡単に述べると、梅原氏が正史上の〝サル〟を人麻呂と同一人物と断じたのは卓見で全面的に賛成する。しかし、〝ヒト〟がなぜ〝サル〟になったのかという理由については、氏は〝サル〟という名に貶められたとされているが、**私はむし**

ろ〝サル〟のほうが本名で〝人麻呂〟はあとから与えられた追号のようなものだと考えている。〝サル〟というのが、あの時代の名前としてそれほど悪い名前だとは考えられないからである。

いずれにせよ、人麻呂（サル）が猿丸大夫と同一だと考えることには変わりはない。

そして各地に猿丸伝説が残っている理由については、後世に人麻呂（猿丸）を始祖と仰ぐ吟遊《ぎんゆう》詩人の集団が発生し、それが各地にさまざまな伝説を残したのだろうと推測している。

・平安後期、猿丸大夫は突然「三十六歌仙」に列せられ、「猿丸大夫の作歌」として三首の歌が紹介された。しかしそれらは、百人一首に収められたものも含め、猿丸大夫の作品であるとは考えられない。猿丸大夫は、「作品なき大歌人」なのである。

・しかし、京都・石川・長野には猿丸大夫を祭る神社があり、日光の二荒山神社では猿丸大夫の故事にちなんだ神事「武射祭《むしゃさい》」が行なわれるなど、地方には猿丸大夫の痕跡が数多く残っている。

・梅原猛氏は、猿丸大夫とは柿本人麻呂のことだと考えている。柿本人麻呂は高官であったが、政治闘争に敗北して刑死した。政治犯と目された人麻呂は、正史では別の名前で登場している。『続日本紀』に登場する柿本朝臣佐留がそれである。〝人麻呂〟が貶められて〝猿丸〟になったというわけである。

・私も「猿丸大夫＝柿本人麻呂」説には全面的に賛成する。ただ私は「サル」のほうが本名で、「人麻呂」はあとから与えられた追号のようなものだと考えている。

第五章　小野小町はなぜ日本一の美女とされているのか

美女だったという証拠はない！

小野小町《おののこまち》という女性は、日本の歴史のなかで非常に不思議な人物である。不思議な人物ベスト5、あるいはベスト3くらいに入るのではないか。というのは、まず小野小町は非常に有名で、歴史なんか知らないよ、という人でも名前だけは知っている。しかも、もう一つおまけがついていて、絶世の美人だったという。

では、そういう証拠が歴史上あるのかというと、じつは確かなものはまったくない。そうはいっても、私は小町の美人絵を見たことがあるとか、そういうことは何度も話に聞いているという人はいると思う。しかし、そういうことはすべて伝説で、当時の正式な歴史書に載っている話ではない。

たとえば有名な話で、小野小町に深草少将《ふかくさのしょうしょう》という貴族が惚《ほ》れて「おれの女になれ」と迫った。そのとき小野小町がどうしたかというと、「百日百夜私のもとに通って来てください。そうしたらいうことをききましょう」といったので、深草少将が毎日毎晩、風の日も嵐《あらし》の日も通ったという。そしてどうなったかというと、九十九日目に疲労の余り死んでしまった。いまでいう過労死である。そこで、小野小町はとんでもない女だ、男に従うような素振りを見せて、苦しみ死ぬほどひどい目に遭わせたという伝説が残り、逆にいえば、男に九十九晩も通わせるほどの美女だったということだ。

お能に「通小町《かよいこまち》」という題名の曲がある。それは深草少将が死んで亡霊になって、小野小町が成仏《じょうぶつ》しようとするのを邪魔《じゃま》するという筋立てになっている。能のほかにも歌舞伎にもそういうものが出てくる場合もあるが、基本的には、お能である。

このような、男を袖《そで》にするいやな女、美人なんだけれどいやなやつという話もあるし、老いさらばえたお婆《ばあ》さんになって、男に見向きもされなくなった小町が出てくる、「卒都婆《そとば》小町」の話もある。

小野小町　鈴木晴信画

つまり、小野小町は若いときは美しくてみんなにちやほやされていたけれども、年をとって美貌《びぼう》が衰えてからは、浮浪者のような暮らしをしていた、ということになっている。私はこれは男がつくった話で、それも、いい女に手痛く振られた経験のある男がつくった話だと思う。

簡単にいえば、いまいったことは全部お話で、小野小町が美人だったという歴史的証拠はじつはないのである。クレオパトラとか楊貴妃《ようきひ》とかならばこれは証拠がある。当時の人が絶世の美人だったといっている、信頼できる歴史書なり詩なりが書き残されている。だいたい唐《とう》の玄宗《げんそう》皇帝という人は、楊貴妃に迷って、もともとは息子の嫁さんなのに、それを奪って自分の嫁さんにしてしまった。そんな不道徳なことをしたのも、絶世の美女だったからだという。

そして、絶世の美女を愛する余り、国が乱れて、安禄山《あんろくざん》の乱というのが起こった。これは歴史的事実としてははっきりわかっているから、楊貴妃が美人だったという証拠になる。しかし、小野小町という人が、美人だったという証拠は歴史上まったくない。伝説だけである。

推理point

クレオパトラや楊貴妃については、美女であった証拠となる文献が残されているが、小野小町にはそのような証拠はない。

小野小町は称号である

それなのになぜ、小野小町は美人だとわかるのか。じつに不思議なことである。では、小野小町はまったく架空《かくう》の人物かというと、私は違うと思う。絶対にモデルになる人はいたわけで、小野小町はいたといっていいと思う。ただその人の来歴、たとえば、どこで生まれ、どこで何歳くらいで死んだのかということはわからないが、当時は平安時代だから、朝廷のなかにいた人であろう。けれども、そのなかでどういう位置づけの人だったかということはまったくわからない。ただ『古今和歌集』（以下『古今集』）には、彼女の歌が載っている。

だいたい小野氏といえば中級貴族だから、中級貴族出身の女官《にょかん》だったというくらいのことはわかる。しかし女官だったとしても、どのくらいの位だったのかということはわからない。

しかし、特定の人物が小野小町の色香に迷って、たとえば、時の天皇が小野小町に「おれのものになれ」といったという話もいっさいないのに、昔から絶世の美女といえば小野小町に決まっている。

のちに述べるが、小野小町が出てからは日本一の美人というと、小野小町ということになって動かない。どうしてこういうことになったのか、これがまず、小野小町における最大の謎である。

先ほどから小野小町、小野小町といっているが、**注意したいことは、小野小町というのは、小野小町さんという名前の女性ではない。これは間違えないでほしい。**たとえばいま、小野智子さんという女性がいたら、姓が小野で名前が智子。では小野小町というのは姓は小野、これは間違いない。小野氏である。しかし小町というのは名前ではない。これが肝心なところである。これは通称なのである。

たとえば課長とか部長とか市長とか、女性でいえば奥さんとか、そういった、名前でないよび方というのがある。役職名や身分である。そこで昔、女性の名前というのは公《おおやけ》に口にするものではない、という慣習があり、それはいまでもそうである。

その人が社会的にもっている地位でよぶか、あるいはだれそれの奥さんというよび方でよぶ。

男性でも、たとえば家康は大河ドラマで「将軍様」、あるいは「上様」、将軍を引退してからは「大御所様」などとよばれている。

たとえば、織田信長の家来は、「信長公」なんてめったにいわなかった。

彼はあるときは上総介《かずさのすけ》という名前であった。律令《りつりょう》（当時の法律）でいえば、上総国の副長官だった。上総介がそのうち偉くなって二位になって、最終的には右大臣になった。そうすると、たとえばその時代に右大臣の信長を描くとしたら、家来たちは自分たちの主人のことを「右大臣様」とよぶ。

けれども、右大臣様といきなり書いたら、だれのことだかわからないので、「信長公」と書いてしまうこともある。そのほうがわかりやすい。家康公でも同じである。家康だって最初は三河国《みかわ》（愛知県）の領主であった。それが、一時は豊臣家の大老になった。そのときはただ「御大老様」なのである。さらに出世して将軍になった。そうしたら当然「将軍様」とよばれた。「将軍様」を辞《や》めたときは、「大御所様」とよばなければならない。

つまり、彼の年代によって、時代時代によって、四十歳のときはなんとよぶか、五十歳のときはなんとよぶか、全部違うわけであるから、書き分けなければいけないが、そんなことをやっているとめんどうくさいので、「家康公」で通すドラマもある。

それと同じで小野小町というのは称号なのである。平安時代の女性の名前は、はっきりわかっている人はほとんどいないのである。絶対に名前でよんではいけないのだ。よべるのは旦那さんくらいである。ふつうの人は絶対に、とくにある程度の身分のある人の女性の名前は、よび捨てであろうが、「さん」づけであろうがよんではいけないのである。

小町とはどういう意味なのか

たとえば『源氏物語』を読むと、高貴な女性は朧月夜《おぼろづきよ》の尚侍《ないしのかみ》などとよばれている。尚侍というのは朝廷のなかの一つの女官の位の名前、いまでいえば係長とか課長とかいう肩書きである。つまり、月夜の晩の課長とかいうことで、ほんとうの名前は出てこない。

あるいは末摘花《すえつむはな》なども、どうもほんとうの名前でなくて、通称だったらしい。ほんとうの名前はいわない。

紫式部、これも姓は紫、名は式部ではない。あの人は藤原なんとか子さんだけど、なんとか子さんはいまだに何だかわからない。そのかわりに『源氏物語』を書いたので紫という名前がついた。そして、お父さんの官名が式部だったので式部となったらしい。

清少納言もそうだ。清さん、清・少納言さんではなく、お父さんが少納言という位で、清原氏の出だったので清少納言となった。ほんとうの名前はなんといったのかわからない。

とくに下の名前はわからない。いまでいう和子さん、幸子さん、智子さんに当たる名前は何かわからない。では、まったくわからないかというと、皇室の系図に載っているような人はわかる。系図を書くときはだいたい死んだあとだから、ほんとうの名前を書く。だから記録に残っている。

先ほどの紫式部でいえば、紫式部のほんとうの名前はわからないが、娘の名前はわかっている。紫式部がある男性と結婚して生まれた娘さんがある天皇の乳母《めのと》になった。つまり、ある親王が幼少のときに乳母になっていたら、その親王が昇格して天皇になった。

そうすると、彼女も天皇の乳母になったので出世して、三位の位をもらった。この方は旦那さんが大宰府《だざいふ》の役人で、大弐三位《だいにのさんみ》とよばれていた。これが通称である。

しかし、大弐三位だけれど、藤原のなんとかさんといった名前はちゃんとわかっている。天皇の乳母を務めたから系図に載り、皇室の記録に残るわけである。乳母の名前も、正式にはだれそれと名前が載るので、大弐三位という方はわかる。

つまり、お母さんである紫式部のほうは名前はわかっていないが、娘さんである大弐三位は何々子さんであるとはっきりわかっているのである。

こういうことがあるので、小野小町は当然小町というのは通称だから、名前はわかっていない。小野和子さんだか小野幸子さんだかはわからないが、小野なんとかさんといったことは間違いない。でも、小町さんではない。それでは、小町とはどういう意味なのか。

日本では何々市、何々町、何々村というが、「町」というのは、いま使っている意味は「市」よりも小さくて、「村」よりは大きく、人が住まいとしているところである。行政的にいえばさまざまな区分があると思うが、要するに市より小さくて村より大きいのが町。では、なぜ人間が住む一塊のことを町というかというと、町というのはもともと仕切られた区画という意味である。

これと同じ意味で使われているのが「局《つぼね》」で、――いまお局様などとよくいうが、別にOLの古株をいう言葉ではない。どうしてお局様というかというと、偉くなると一部屋もらえるからで、その一部屋のことを局といい、それも仕切られた空間という意味である。だから、いまたとえば、財務省などへ行くと財務局というのがあるが、それは区画という意味である。じつはこの局と町は同じ意味なのである。**平安時代の宮廷では、一部屋もらうような偉い女性は局とはいわずに町といった。だから、田中さんという女性が平安時代の宮廷で偉くなって一部屋もらい、田中町といった。**

では、小町とはいったいどういうことなのか。「町」ではなくてなぜ「小町」なのか。これはほんとうのことをいうとわからない。

六歌仙に迫れば正体はわかる！

先ほど、小野小町はいたのか、いないのかわからない人間なのに、はっきりいたということはいえると思う、と変ないい方をしたが、それはなぜか。『古今集』という、当時の天皇の命令でつくられた和歌集、これを「勅撰和歌集」というが、その勅撰和歌集のなかに小野小町の作歌が載っているからである。

しかも、ただ載っているだけではない。その勅撰和歌集の序文を書いた当時の有名な学者で歌人でもある紀貫之《きのつらゆき》、あの『土佐日記』を書いた紀貫之が、延喜《えんぎ》五年（九〇五）に『古今集』を選んだ時点で、それ以前のうまい歌人を六人選んだ。それをのちに六歌仙という。歌仙というのは歌の仙人と書き、歌の大名人という、歌の神様に近いような大名人のこと。その六人の名人のなかに、この小野小町が入っているのである。

この六人をあげると、僧正遍昭《そうじょうへんじょう》、在原業平《ありわらのなりひら》、文屋康秀《ふんやのやすひで》、喜撰法師《きせんほうし》、小野小町、大伴黒主《おおとものくろぬし》である。この六人のうち、小野小町と大伴黒主と喜撰法師は来歴がよくわからない。しかし、あとは僧正遍昭にしても、在原業平にしても、文屋康秀にしても、中級の公家《くげ》だったので、歴史上の人物としてどういう人だったかということはわかる。

しかも、『古今集』をひもとくと、六歌仙の一人の文屋康秀と小野小町が和歌のやりとりをしている。明らかに文屋康秀と小野小町は同時代の人だったのである。だいたい『古今集』ができたよりちょっと前の時代、八〇〇年代に活躍した人であろうということがわかる。この六歌仙に迫ってみれば、小野小町の正体というのは徐々に明らかになるのである。

これが実像に迫るということなのだが、まず六歌仙というのは、先ほども述べたように、単純にいえば六人の、神様に近いような名人である。

ところが、ほんとうに名人なのかと調べてみると、在原業平、文屋康秀、僧正遍昭、小野小町まではいいのだが、喜撰法師という人は、じつは確かな作品というのは一つしかない。

これは「百人一首」にも載っているからご存じだと思う。

わが庵《いお》は都のたつみしかぞ住む
　世を宇治山と人はいふなり

これだけだ。しかも、「百人一首」に入っているのでいい歌かというと、私はいい歌とはいえないと思う。あまりおもしろくない。「世を宇治山と人はいうなり」、これはしゃれである。この人は宇治山というところに住んでいて、宇治山と世を「うし」ということをかけている。うしというのは憂える、いやになるということだ。だから、言葉のおもしろみだけの歌である。これに比べると、在原業平には、いい歌がいっぱいある。

つひにゆく道とはかねてききしかど
　きのふ今日とはおもはざりしを

こういういい歌がある人と、一首しかないのに名人とされている人がいるのである。ふつう、名人とは名作といわれるものを何首か残している人のことを指す。ところが、一首しか歌が残されていなくて、その歌もたいしてうまくない、というような人を、六歌仙という歌の大名人のなかに入れているのである。こんな不思議なことはない。大伴黒主になるとさらに極端で、歌は何首か入っているが、確実に大伴黒主という人が実在したのかということもよくわからないし、歌の名人かというと、とてもじゃないが名人とはいえない。

在原業平　菱川師宣「小倉百人一首」（国会図書館蔵）より、部分

そうすると、つまり六歌仙というのは、単純に歌の六人の名人をいったわけではない。ほかの共通点があると考えられる。

推理point

たいしてうまくもない歌一首しか作歌が残されていない喜撰法師や、実在したのかどうかさえわからない大伴黒主が、なぜ六歌仙に列せられているのか。何かほかの共通点があると考えられる。

不幸にして死んだ人ほど神になる！

整理すると、二つ問題点がある。つまり、なぜ名人でもない人を「歌仙」というのか。

もう一つ、その六人の共通点はいったい何なのかということ。

それで、これからが独自の解釈になるが、まず、**日本ではたんに歌がうまいというだけでは名人とはいわれても、神様にはしてもらえない。**

歌の神様、料理の神様、Ｆ１の神様、マージャンの神様でもいい、いまはうまいだけでも神様になれる。しかし、日本の古代、少なくとも平安時代、実際は鎌倉・室町時代、ほんとうの意味で神様のような人、歌の神様とよばれるような人になるためには、歌がうまいだけではだめなのである。

そのことを証拠立てる事実が一つある。

紀貫之は『古今集』の序文のなかで、日本和歌史みたいなものを書いていて、そこに名人として六人をあげている。では、それ以前の大名人としてだれをあげているかというと、柿本人麻呂《かきのもとのひとまろ》（人麿）をあげている。

柿本人麻呂こそ歌の聖《ひじり》、歌聖である、といっているわけだ。じつに不思議なことに、次の段で「山部赤人《やまべのあかひと》という人あり。柿本人麻呂にまさるとも劣らない名人である」と書いてあるが、では、柿本人麻呂と山部赤人の歌を詠《よ》む技量に差がないとしたら、両方とも歌聖にしなかったら不公平だ。ところが、紀貫之は人麻呂と赤人の両方とも同じくらい歌がうまいと認めているのに、歌の聖として認めているのは人麻呂だけなのである。これはどういうことかというと、聖という言葉に秘密があるのである。

ふつう「聖」という言葉、これは日本人の奥深い信仰でいうと、不幸にして死んだ人に与えられるものなのである。

つまり、日本の古い民間信仰では、不幸にして死んだ人ほど神になる、ということにしなければならない。そうしないと祟《たた》るわけである。つまり、不幸にして死んだ人というのは、この世に尽きせぬ恨《うら》みをいだいているわけで、この尽きせぬ恨みを放っておくと、それが怨念《おんねん》となって祟るわけなのである。それを封じ込めればいちばんいいのだが、強い祟りはなかなか封じ込めることができない。ではどうするかというと神様に祭り上げればいいのだ。

「あなたは神様だから偉いんです」といって祭り上げるのである。

そのいちばん古い例が大国主命《おおくにぬしのみこと》という人である。これは日本の神話にも載っているが、本題からはずれるので簡単に述べる。

日本の国というのは、もともと大国主命が支配していた。これは神話にも書いてある。ところが、そのあとで天照大神《あまてらすおおみかみ》という太陽の神様の子孫であるいまの天皇家がやって来て、大国主命に国をよこせといった。大国主命は当然いやだといった。けれども結局、大国主命は国譲りということをして、国を渡す。

それでそのあと大国主命はどうなったかというと、『日本書紀』の表現を借りると、「とこしえにかくれた」とある。ふつうにいえば死んだということだ。ただし、彼が死ぬ前に国を譲る条件として、大和朝廷側、つまりいまの天皇側に出した条件

出雲大社

写真提供：フォトライブラリー

は、今後、大国主命はいっさい日本の現実の政治には口は出さない。そのかわり、いわゆるカクリゴト——人間の運とかツキ、そういったものには口を出せることにした。

大和朝廷側としては現実の政治にはいっさい口は出させないかわりに、大国主命が素直に譲ってくれたことに感謝して彼を神として祭る。

それはどういう神として祭るのかというと、日本一の大神殿、雲を突くような大きな柱をつくって巨大な神殿を建て、そこにお祭りするという。それが出雲《いずも》大社なのである。

ここが大事なことなのだが、実際、出

雲大社というのは中世までは日本でいちばん大きな建物ということになっている。これは伊勢神宮よりも大きい。伊勢神宮は皇室の祖先神である天照大神を祭っている。いわゆる戦争に勝った神様を祭る。

戦争に勝った神様より、戦争に負けて天照大神の軍門に下った神様を祭る神社のほうが大きい。なぜ大きいかというと、彼は非常に強い怨念をもって亡くなったと考えられるので、それを丁重に鎮魂して神様にして祭り上げないと、この世にたいへんな祟りをなすと考えられたのである。だから、いまでも出雲大社の宮司というのは、皇室に次ぐ家系で八十代以上つづいているのである。それは、天皇家の祖先神ときょうだいだった神様の子孫だったということである。

ふつうの国だったら、大国主命の神殿が天照大神の神殿より大きいなど絶対にないことである。勝った神様は、負けた人を神様にしないで全部つぶしてしまう。あいつは悪魔だったのだということにするのだ。たとえば、アーリア人がインダス文明を征服したときもそうだし、イスラムがイスラム以前のゾロアスター教などの宗教を迫害したときもそうだ。キリスト教もしかりである。十六世紀から十九世紀あたりにかけて、スペインやポルトガルが、いまでいう南米・中米あたりを支配する。南米・中米あたりは、もともとわれわれにとっての神道のような民族宗教があったところである。ピラミッドなどをつくっていたが、それを全部滅ぼしてしまった。

だから、メキシコはスペイン語である。ブラジルへ行くとポルトガル語だし、アルゼンチンはスペイン語である。中南米あたりはほとんどの国がスペイン語かポルトガル語を話している。これがふつうであって、日本のように、負けた神様をわざわざ大きな神殿に祭るなどという例はないのである。

では、なぜ日本だけそうするのかというと、これはけっして悪いことではないと思うのだが、負けた人間に対する恐れがある。そういうものを放っておくととんでもないことになると思って、丁重《ていちょう》に祭るのである。けっして記憶は消さないし、大きな神殿に入れることによって、なんとか心をなだめていただいて、この世の中に悪さをしないでほしいといっている。それがじつは「聖」なのである。

推理point

日本ではなぜ負けた神様を大きな神殿で祭るのか？　負けた神様の心をなだめて、祟りを防ぐためである。

政治の第一は怨霊を防ぐこと

同じ「聖」という字がついている歴史上の人物に聖徳太子がいる。この人もどうもそういう人だったようだ。つまり、政治家として優秀だったことは間違いない。ただ日本では政治家としてただたんに優秀だったからといって、神様にしてくれるかというとそういうことはない。ほんとうに優秀で、功成り名遂げて総理大臣かなにかになって、子にも孫にも恵まれて、絹の床のなかで死んだというような人は神様にはなれない。

聖徳太子も優秀な政治家であったが、残念ながらその直後の子孫は、蘇我氏に滅ぼされた。

悲劇の主人公、まさに源義経《よしつね》もそうだ。義経は時代がかなり下ったので、神様にはなれなかったが、判官《ほうがん》びいきという言葉のとおり、彼はずっと生きつづけ、大陸に渡ってジンギスカンになったという話まである。

義経は兄頼朝《よりとも》の命令を受けて平家を滅ぼした。彼がいなければ平家を滅ぼすことはできなかった。大功労者であるにもかかわらず、兄と仲違《たが》いをして結局、歴史上の事実でいえば陸奥国の衣川《ころもがわ》で死んだという。それはじつに可哀相《かわいそう》なことである。それをどうするかというと、日本では神様に祭るか、もう一つは死なななかったことにする。死んだからこそ祟りになるわけだから、彼はまだ生きているんだということにすれば祟りはない。

昔は神様にしたが、義経からあとになると、「じつは生きていたんだ」といわれることのほうが強くなってくる。神様にするというのは、スタイルとしてたぶん古くなったのだと思う。

たとえば、近代の例でいえば、西郷隆盛がそうだ。隆盛は西南戦争で死んだが、死体が見つからなかったということもあって、生きてロシアに渡ったんだという人もいる。

日本人の、英雄を殺したくないという気持ち、その奥底には、優秀な人間を野垂《のた》れ死にさせると化《ば》けて出るぞという恐れがあるのである。

昔は、科学などというものはなかった。農作物の不作、疫病《えきびょう》、天災、台風、地震、雷といったようなものは、すべて自然現象ではなくて、この世の外にある意思、つまり霊、悪霊《あくりょう》や神様によるものだと信じられていたから、不作がつづいて、同時にだれか偉い人物が不幸に死ぬことがつづくと、その怨念《おんねん》の祟りだということになるのである。

そういう意味では、昔から、怨霊《おんりょう》を防ぐことが政治でいちばん大切なことだった。だからいまでも政治のことを政《まつりごと》というのである。

昔は神様を祭ることが政治の第一課題だった。たとえば、景気をよくするとか、もっと地震対策をするとか、被災地を助けるとか、そういうのがいまの政治だが、それ以前に、まつりごとがある。

景気が悪くなるのも、伝染病が流行《はや》るのも、地震が起こるのも、全部悪霊のせいだから、まず悪霊をなだめなければならない。悪霊をなだめられない人は、徳がないということになる。

いまでは考えられない話だが、大地震が起こると、昔はその地の長の責任になった。天災じゃないかといってもだめ。おまえの徳がないからそういうことになるんだというわけである。謝るほうも「私の不徳のいたすところです」と謝る。これはいまでもそうだ。

天皇になれなかった惟喬親王

日本の聖《ひじり》、まつりごとの聖といえるのはだれかというと聖徳太子である。聖という字がついていて、しかも徳がついている。彼は非常に優秀な政治家で理想をもっていた。それを実現しようとしたが結局天皇にはなれず、太子のままで死んだ。彼のほんとうの名は厩戸皇子《うまやどのおうじ》というが、厩戸皇子を祭り上げるために、のちの人が聖徳という名前をつけたのである。

では、歌の聖はだれかというと柿本人麻呂である。人麻呂については、いろいろ意見があるが、政治的に失脚して不幸にして死んだ。だから聖なのである。そうでもないかぎり、同じくらい歌がうまい山部赤人が聖とされないことの説明がつかない。ということは、日本では神様、聖になるには——大名人あるいは歌の神様といわれるための条件は、たんに歌がうまいというだけではなくて不幸な死に方をしなければだめなのである。

そこで、六歌仙に戻ろう。

先ほどの六歌仙のなかで比較的来歴がわかる人——僧正遍昭、在原業平、文屋康秀は、揃いも揃ってある天皇の周りにいた人物である。その天皇はなんというお方かというと文徳《もんとく》天皇である。

文徳天皇の子が惟仁《これひと》親王というお方で、もう一方のお方が惟喬《これたか》親王。惟喬親王が長男である。となると、惟喬親王が天皇となるはずだった。

ところが、惟喬親王という人のお母さんは紀氏である。紀貫之と同じ紀氏で、静子という。紀静子と文徳の間に生まれたのが惟喬親王で、長男である。

ふつうの時代だったら惟喬親王がすんなり天皇になるはずだが、じつは当時藤原氏が非常に勢いを駆っており、のちに道長という人が出てきた。

「この世をば我が世とぞ思ふ望月《もちづき》の欠けたる……」と詠んだ人だが、そのもう少し前で藤原氏が全盛期に近づいている。しかもまずいことに、文徳天皇は藤原氏からお嫁さんをもらっている。「明子」である。この藤原明子との間に惟仁親王が生まれた。惟仁親王のほうがはるかに幼い。惟喬親王は少年である。にもかかわらず、藤原氏の圧力で惟仁親王のほうが皇太子となった。弟が兄を超えて皇太子となったのだ。これで、惟喬親王は気の毒にも天皇になれずに隠棲《いんせい》したのである。

惟喬親王

写真提供：フォトライブラリー

藤原家と天皇家関係図

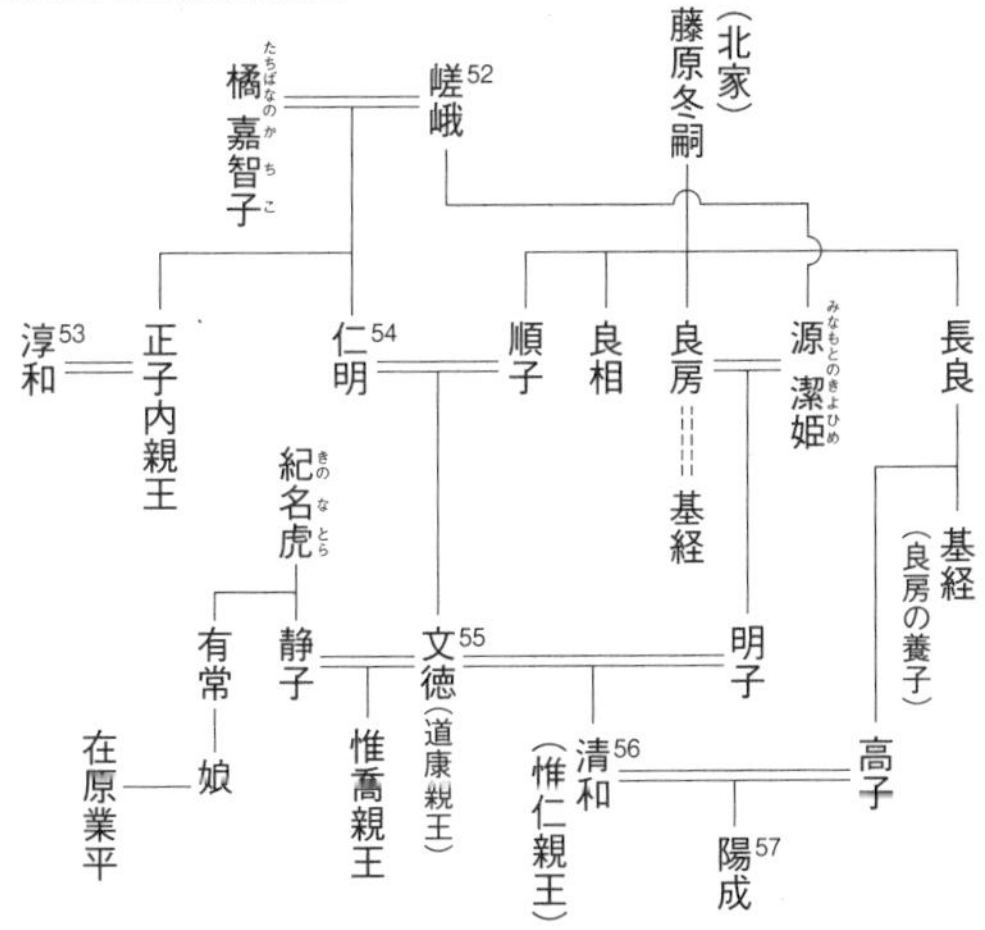

木を挽《ひ》く轆轤《ろくろ》を使って、木をくりぬいてお椀《わん》やお箸《はし》などをつくる人たちを木地師《きじし》というが、その木地師の祖が惟喬親王だということになっている。つまり、惟喬親王が隠棲して子どもをつくった。その子どもの子孫が木地師の祖先であるということになっている。惟喬親王という人は、一般からみるとたいへん気の毒に思われていたのである。

先にも述べたように、惟喬親王の母は紀静子。その紀静子の兄に紀有常《ありつね》という人がいて、その娘婿《むこ》が在原業平なのである。ということは、紀静子と在原業平は義理の伯母甥《おい》の関係になる。

僧正遍昭はどういう人だったかというと、出家する前、つまりお坊さんになる前はどうやら東宮に勤務していた。東宮というのは皇太子の御殿である。皇太子あるいは近く皇太子になるべき人の御殿だが、時代から考えてみると、遍昭が勤務していたのはどうも生まれたばかりの惟仁親王の時代よりもっと前なのである。つまり、惟喬親王のお付きの秘書官、侍従ではなかったか。

また、文屋康秀という人は、じつは左遷されている。左遷されたのが文徳天皇が即位した前後である。ということは、文徳天皇になんらかのかたちで逆らったのではないか。

その文屋康秀と小野小町が歌を交わしている。これは『古今集』の九三八番に入っているが、当時三河国の長官、いまでいう知事が三河守《みかわのかみ》、その下の次官が三河介《すけ》、その下の三河掾《じょう》。だから、三等官、あまり高い位ではない。文屋康秀はその三等官にようやく任じられた。

そこで文屋康秀が、三河掾に任ぜられ、こんど私の赴任地に来ませんかといったとき、小野小町はこう答えている。

わびぬれば身を浮く草の根を絶えて
　さそう水あればいなむとぞ思ふ

これはどういう意味かというと、侘《わび》しい日々を送っているので、根無しの浮き草のようにあなたのお誘いを受けて行ってもいいかな、という感じの歌である。つまり、これを見れば、文屋康秀が左遷され明らかに失脚しているときに、小野小町もじつは失脚しているのである。その失脚はほとんど同時期だった。

また、喜撰法師という人も、どこのだれだかわからないが、キセンというのは「喜ぶ」、「撰ぶ」と書くのではなくて、ほんとうは紀の「紀」に仙の「仙」と書くのではないか。そうするとこの人は、紀氏だということになる。紀氏というのはどういうことかというと、年代的にいって、先ほどもいった紀静子と紀有常の兄弟か、あるいは叔父だと思う。つまり、これは全部つながるのである。

六歌仙のうち、文屋康秀、僧正遍昭、喜撰法師、在原業平が明らかに文徳天皇の周辺にいて、惟喬親王、惟仁親王の皇太子争いに関連して失脚ないし出家しているのである。そのなかの一人である文屋康秀と小野小町は、お互いに慰め合うような歌を残している。

政治の表舞台から消された人たち

ということは、六歌仙というのは、明らかに惟喬《これたか》親王側についていた人ではないか。つまり、惟喬親王になんらかの関係ある人たちのグループ、それが失脚して非常にまずいことになって、みんな政治の表舞台からは消されてしまったということになる。

だいたいこのころは死刑はない。平安時代は死刑はほとんどない。源平の争乱が起こるころになるとあるが、あれは戦争だから刑罰が厳しくなるので、それ以前は、桓武《かんむ》天皇がアテルイという蝦夷《えみし》の親玉の首を斬った後はほとんど死刑というのはなくなる。菅原道真《すがわらのみちざね》という人も、醍醐《だいご》天皇のときに失脚するわけだが、無実だったのははっきりしている。

直接の犯罪容疑は国家反乱罪、反逆罪だった。自分の娘婿であるいまの天皇の弟を立てていまの天皇を追っ払おうとした。八世紀九世紀だったら死刑になっていたのに、死刑になっていない。

当時の朝廷は、人を殺すということを非常にいやがっている。なぜかというと、殺すと怨霊になる、とくに無実の罪で殺すと、怨霊になると強く意識されていたのではないか。実際、菅原道真も死刑にはならなかったが流罪《るざい》になって、流罪先で苦しんで苦しんで死んでしまった。その後、彼の祟《たた》りというのが起こるわけだ。

だから平安時代には、死刑というものはない。そして、他の国では記録というものも抹殺《まっさつ》されてしまう可能性もあるが、日本では昔から負けた人、敗れた人をけっして消さない。
大国主命《おおくにぬしのみこと》のように、聖としてもち上げて神として祭る。

そういう考え方からいうと、六歌仙のこの人たち六人は、なんらかのかたちで藤原氏に集団で逆らった。つまり、惟喬親王を政治的に抹殺して惟仁《これひと》親王を天皇にした藤原氏に集団で逆らった。逆らったがゆえに政治的に抹殺されてしまった。しかし、それを放っておけば怨霊になるから、『古今集』というものがつくられた。大国主命を祭るために大神殿がつくられたように。

『古今集』の序文を書いたのは、負けた紀貫之である。紀貫之がそのなかで六人の政治犠牲者を、歌の大名人にした。だからこそ、六歌仙というのはけっして歌がうまいとは思えない人が入っているのである。

推理point

六歌仙のうち、文屋康秀、僧正遍昭、喜撰法師、在原業平は文徳天皇の周辺にいた人物であり、六歌仙とは惟喬《これたか》親王側についていた人たちであったと考えられる。そして、彼らの霊を鎮めるために、『古今和歌集』がつくられたのではないか。

惟喬親王が隠棲した〝小野の里〟

小野小町と対照的に問題になるもう一人の重要な人物は、在原業平《ありわらのなりひら》である。僧正遍昭《そうじょうへんじょう》や文屋康秀《ふんやのやすひで》が直接、惟喬《これたか》親王について、惟仁《これひと》親王の邪魔をした、つまり藤原氏を妨害したということは記録にはない。

しかし、在原業平に関しては証拠があるのである。有名な話だが、在原業平は、のちに惟仁親王の奥さんになる藤原高子《ふじわらのたかこ》を誘惑して、駆け落ちしたのだ。これはほんとうの恋ではなく、そのころの藤原氏には、天皇のお嫁さんになるような妙齢の娘は彼女しかいなかったので誘惑したのだという説が昔からあって、『大鏡《おおかがみ》』とか『伊勢物語』とかにちょっとずつ載っている。

女性からみるととんでもないやつだが、駆け落ちしたというのは、まず間違いない事実である。もちろん国家の歴史書にははっきり書いてはないが、上述の『大鏡』や『伊勢物語』の記述からまず間違いないだろう。駆け落ちは成功したが、残念なことに、藤原氏にとっては幸いなことに、引き戻されて、それで惟仁、のちの清和《せいわ》天皇と藤原高子は結婚して子どもも生まれるわけである。このように、在原業平だけは藤原氏に挑戦したという記録がはっきり残っている。

他の人たちも経歴などからみて、惟喬親王側である紀氏の出身であったり、紀氏の周辺にいたり、あるいは惟喬親王の周辺にいたと考えられる人間ばかりだから、六人まとめて惟喬派だったのである。

証拠がもう一つある。先にも述べたが惟喬親王は皇太子になれなかった。都にも住んでいられないというので田舎《いなか》に隠棲したのだが、隠棲した場所が、滋賀県の山奥、小野の里なのである。

ここは小野氏の本拠地で、小野篁《おののたかむら》神社というのがある。小野篁という人は小野小町の父あるいは祖父だという人もいる。要するに小野氏のなかではけっこう高い位までいった有名な人である。

「百人一首」にも載っているが、有名な学者で官僚でもあった人だ。

その小野篁神社などもある小野氏の地に、惟喬親王は隠棲していたわけである。ということは、どう考えても惟喬親王は小野氏と深い関係にあった。けれどもお母さんは紀氏だから、お母さんの筋ではない。では何なのかというと、このへんからだんだん危ないところ——小野小町は名前はだれで、どこに生まれたのかということに近くなるのである。

近づきたくないのだが、近づいてみよう。

先ほど小野小町はどうして小町か、小野町ならわかるが小町とはどうしてかわからないといったが、小野町とよばれてもいい人がこの時代にいたのか。

具体的にいうと小野氏の出身の女性で、天皇家に仕えて、なおかつかなり出世した女性がいたかいないかというと、じつは一人だけいる。これはどういう人かというと、小野吉子（これもどう読むかというと、いろいろ問題があるが、いちおうキナコとよんでおく）という人がいる。

小野吉子は仁明《にんみよう》天皇の更衣《こうい》であった。奥さんにも位があって、いちばん偉いのは皇后であり、つづいて中宮《ちゆうぐう》、その下に更衣という位がある。奥さんにも出身階級、具体的にいうと生まれた家によって位に差異ができる。藤原氏の摂関《せつかん》家に生まれた人はかなり有名な中宮や皇后になれるが、中宮や皇后になれない人で、もうちょっと下の、中級の貴族から出た人は更衣である。

『源氏物語』のはじめに「女御《にようご》更衣あまた……」という文句があるが、中宮がいて女御がいてその下の位である更衣であった女性の一人が小野吉子なのである。小野吉子というのは清少納言や紫式部のような通称ではなく本名である。なぜわかるかというと、天皇の奥さんだったから系図に名前が載るわけなのである。

では、どういう人かというと、この人は小野氏の出身で、しかも更衣だったから小野町とよばれても不思議でない。小町はこの人だという人もいる。しかし、なぜ「小」がつくのかわからない。

これについて、明治時代の有名な小説家、黒岩涙香《るいこう》がすでに「小野小町は小野町、すなわち小野吉子の妹を指すのではないか」といっている。昔は姉さんを大、妹を小ということがけっこうあった。**つまり小野町の妹だから小野小町といわれたのではないかという説である。**これはかなり可能性があると思う。

小町は惟喬親王の乳母だった

では、惟喬《これたか》親王との関係はどうか。これもまったくの推測だが、小野小町は惟喬親王の乳母《めのと》ではなかったか。惟喬親王はすでに述べたとおり、失脚したのち小野の里に隠棲《いんせい》していた。こういう場合考えられることは、小野の里は自分を産んだお母さんの実家であり、そこに隠棲したということだ。ところが、惟喬親王のお母さんは紀静子であって、小野氏ではない。では、なぜ小野氏のところに行ったのか。乳母の実家に隠棲したということではないか。

「百人一首」だと、紫式部の歌のあとに大弐三位という人の歌が載っている。「百人一首」を見ていただければ、この三位の父という人は正確にいうと藤原宣孝《のぶたか》で、これは男だから名前はわかる。

男は系図にちゃんと名前が載るので、藤原宣孝という男の人と、本名のわからない、たぶん藤原の何々子さんといった紫式部との間に生まれた子が、藤原兼隆《かねたか》という人の妻になった。

さらにその後、その人は大宰大弐《だざいのだいに》（ちょっとややこしいのだが、九州大宰府《だざいふ》の副長官くらいと思っていい）の高階成章《たかしなのなりあきら》という人の妻になった。そこで夫が大弐なので大弐、しかも、彼女が乳母になった皇子がのちに後冷泉《ごれいぜい》天皇になったのだから、三位という、中級の公家《くげ》としては異例の高い位になった。藤原氏の本家は一位とか二位だが、本家ではない藤原氏が三位までいくというのは相当たいへんなことである。

その三位という位になった。そこで彼女のことを大弐三位というようになった。名前は、藤原賢子と書いてカタイコと読むらしい。そういう名前はちゃんと残っている。だから、もし惟喬親王が位についてナントカ天皇になっていたら、小野小町も大弐三位のように高い位をもらって生涯を安楽に暮らし、そして名前も残ったかもしれない。だけどそうではなかった。

これを紀氏の側からみると、「あの子は可哀相《かわいそう》に、もし惟喬親王が天皇になっていれば、あの子も出世したのに」という話になる。

可哀相だなということ、歌もちょっとはうまいことであるしということで、六歌仙に入れてもらったのではないかと考えるわけである。

それくらい惟喬親王と一蓮托生《いちれんたくしょう》の間柄でないと、六歌仙に選ばれるという意味がわからない。何度もいっているように、六歌仙という日本の歌の神様というのは、ただ歌がうまいだけではけっしてなれない。何か不幸な目に遭わないといけない。

では、六歌仙ということでひとくくりにされているということは、やはり惟喬親王の周辺にいた人間である。**惟喬親王が失脚しないでいたら、相当出世しただろうといえる女性は、惟喬親王の妻か、乳母である。それくらいしか考えられない。**

母は紀氏である。惟喬親王というのは、そのころ奥さんをもらえるような歳《とし》ではない。奥さんでもなくて、かつ惟喬親王が天皇になっていたら、相当出世したと考えられる女性はやっぱり乳母くらいしかない。

もう一つ、『古今集』より約五十年後の十世紀半ばに、同じく天皇の命令で編まれた勅撰和歌集に『後撰《ごせん》和歌集』というのがある。その『後撰和歌集』のなかに名前は書いてないが、小野の孫、あの小野小町の孫であるという女性が出てくる。ということは、小町には娘か息子がいたということになる。娘や息子がいないと孫は生まれないので、そういう意味からいっても、小町というのは人妻だったのではないか。

乳母というのは人妻で、いうまでもなく乳というのは子どもを産まないと出ないから子どもがいた人でないとだめだ。そういう意味でも、乳母であったと考えられる。

推理point

小野小町が六歌仙に列せられているのはなぜか。惟喬親王が小野の里に隠棲していることから、小野小町は惟喬親王の乳母であり、惟喬親王の失脚により出世のチャンスを失ったことが気の毒がられたのだと考えられる。

つくられた伝説

では、なぜ小野小町は美人とされているのかという最大の謎に戻ろう。

いままで繰り返し述べてきたように、小町が美人だったという証拠は一つもないし、歴史上、はっきり書いてはなくても、何人かの男が小町をめぐって争ったということを暗示するようなものでもあれば、ああ、小町は美人だったんだといえるが、そういうものもない。

そうすると、ここでちょっと発想を広くとってみる。日本では歌がうまいからといって名人の域に達していても、歌の神様にはなれない、不幸な死に方をし、不幸な末路を遂げないとだめだ。

ということは、日本ではただたんに顔が綺麗なだけでは絶世の美人とはいわれないんだということである。じつは六歌仙のなかの在原業平という人は、日本一の美男だということに昔からなっている。

つまり、平安時代の六歌仙のなかに日本一の美男と美女が入っているのだ。在原業平は藤原高子をひっかけたのであり、ひっかけるくらいの美貌《びぼう》であったといえよう。

小野小町も、けっして美人ではなかったということではなく、むしろ美人だった。もう小町というのは美人の基準になって動かない。淀君《よどぎみ》も美人といわれているが、日本一の美女とはよばれない。

では、小町以前はどうだったかというと、じつはソトオリノイラツメ（衣通郎姫）という女性がいた。紀貫之が書いた文章のなかに出てくるのだが、紀貫之が小野小町を紹介するときに、小野小町という女性歌人は、いにしえのソトオリノイラツメの流れであると書いている。

ふつう、この流れというのは、歌風が同じであるというように解する。しかし、そうではない。ソトオリとは「衣」という字に「通る」と書くのである。つまり、美しさが服を透《す》けて通って見える、それほど美人だということである。いろいろな説があるが、実の兄と恋に陥って駆け落ちしていった。

実の兄というのは皇太子なのである。昔は、兄妹は同じ母親から生まれたのでなければ結婚できる。異母きょうだいなら結婚できるが、同じ母親の腹から生まれた同胞《はらから》、兄妹は結婚できない。そのタブーを破ったので、二人とも追放されたという伝説である。兄の理性を失わせるほどのすごい美人だったというわけだ。

小野小町までは美人といったら「衣通郎姫のようだ」といった。しかし、それが小野小町以降は小町が美人の代名詞になった。それ以降、いろんな美女が出た。淀君がそうだし、綱吉《つなよし》の母であった人、この人ももともとは京都の八百屋の娘だったといわれており、そんな人が将軍のもとに上がって男の子を産むくらいだから、ものすごい美人だった。つまり、氏素性《うじすじょう》がないのにあれだけ認められるのだから、相当美人だった。しかし、あくまで小町こそ美人の代名詞だ。

細川ガラシャなども、絶世の美女だったけれども、残念ながらのちの世の人は美人を語るのに細川ガラシャのようにとはいわない。だから、そこで決まってしまった。小野小町が、日本一の美人であると。

単に美人であっただけでなく、不幸にして出世しそこなったからこそ、そのように目されるようになったのである。さっき聖徳太子が天皇になれなかったといったが、小野小町も惟喬親王の乳母だったとしたらもっと大出世したはずだったのに、そうはならなかった。都落ちしている文屋康秀《ふんやのやすひで》に、私も行こうかななんていってい るぐらいだから相当おちぶれたはずである。

それから考えると、やはり小町というのは、不幸にして死んだということで六歌仙になり、六歌仙になったがゆえに神様であり、すごい美人であったというふうに、のちに話がつくられてきた。小町が美女であるという話は、すべて後世の伝説なのである。

実在した中級貴族出身の女性

深草少将《ふかくさのしょうしょう》の百夜通いもそうだが、小野小町という人は非常にいやな女で、若いころは美しさを鼻にかけて、いい寄って来る男を片っ端から袖《そで》にしていた、けれども歳《とし》をとってからはだれも相手にしてくれなくて、老いさらばえて惨《みじ》めに死んだのだ、という説話が残っている。

小町百歳の像というのが残っている。それはかなり美貌の衰えた状態の像である。どこで生まれ、どこで死んだかはっきりわからないが、秋田の方で生まれたとか育ったとかいう人はいる。そういうことがあっても不思議ではない。というのは、小野氏というのは中級貴族なのである。

中級貴族にとって、当時いちばんうれしいことは受領《ずりょう》といって、地方の国司《こくし》になることなのである。国司というのは守《かみ》で、たとえば陸奥守《むつのかみ》とか駿河守《するがのかみ》とか、江戸時代は勝手に名乗っているが、昔は駿河守ならいまの静岡県東部の知事に当たる。前述したが、守は知事で、介《すけ》が次官、すなわち副知事、掾《じょう》がその下である。目《さかん》というのもあるが、だいたい中級貴族になると、介とか掾《じょう》に任ぜられるわけである。それは非常にうれしいことである。なぜかといえば、だいたい彼らは中央にいるとうだつがあがらないが、地方に行くと、そこでいちばん偉いわけである。敬ってくれる。それだけではなくて昔はいまと違って地方の財源というのが非常に豊かであった。まず、国に送る税金というのは決まっており、あとは自分の取り得なのである。だから、民を搾《しぼ》れるだけ搾って、たとえば中央への上納金を十送れば、あとは二十取ろうが三十取ろうが全部自分の懐《ふところ》に入れていい。それは、平安時代の常識だった。

だから、地方に赴任するということは、非常にうれしいことなのである。ふつうの中級貴族なら、そういう辞令を受けたらかならず赴任したし、赴任する辞令を出してくださいと運動するくらいだった。泣き落としもあったし、賄賂《わいろ》もあった。百度参りみたいなものもあっただろう。

そういうことで行くわけだから、たとえば、小野氏が秋田に赴任し、そこで子どもが生まれるというようなことがあったとしても不思議はない。

現地で生まれた子は、任期が過ぎれば都へ帰るから、たとえば秋田生まれであっても、なんの不思議もない。ただどこで生まれたかということは残念ながら確定できない。どこで死んだということも確定できない。

しかし、一ついえることは、小野氏という中級貴族の出身の女性で実在した、そして私の考えをいえば、おそらく、六歌仙グループの一人として惟喬《これたか》親王の周辺にいた人で、惟喬親王の失脚とともに自分も失脚して、再び世に出て来られなかった人である。

美人に対する男のやっかみ

日本人は、そういう不幸にして死んだ人間というものに哀惜《あいせき》の情をいだく。判官《ほうがん》びいきという言葉がある。判官というのはご存じのように、九郎判官義経、つまり源義経のことである。判官という朝廷の位、官職についていたのでそういわれるようになった。義経のような、不幸にして死んだ人をなんとかして助けたい、話のなかでもいいから助けたい、これが日本人の心のやさしいところだと思う。

不幸にして死んだ人の悪口をいいたくない、ということもあるうえに、放っておくと祟《たた》りがあるから、できるだけよくいうのである。だから聖徳太子とよばれ、柿本人麻呂が歌聖になり、六歌仙が六歌仙になるのである。ただ一つだけ不公平だと思うのは、六歌仙になったから在原業平などはかなり得をしていると思うが、一人だけわりを食っている人がいる。それが、小野小町である。

つまり、不幸な死に方をした女性だったら、もうちょっとよくいってもらってもいいはずなのに、美女に対する男のやっかみというか、あいつはいやな女だったんだというようなことを陰でいわれている。

しかし、私にいわせれば、そうした伝説は根も葉もないことで、彼女が悪かったということはなかったはずだ。後世の人が勝手な想像をしたのである。

小野小町にとっては迷惑なことだが、たしかに謎の美女というのは好奇心をそそる。記録が残っていないと、ますます気になるわけである。

生涯独身だったのかな、なぜ独身なんだろう、美人なのに独身というのはきっと性格が悪いにちがいない、そんなふうに思って、どんどん悪い話がつけ加えられたのであろう。

たしかなことは、彼女が非常に不幸にして死んだ、権力闘争の犠牲者であったという点である。それがあるがゆえに権力闘争の敗者である紀氏の一族である紀貫之に、六歌仙というかたちで持ち上げてもらったのだろう。

絶世の美人といわれているのも、在原業平が絶世の美男子といわれているのと同じで、たしかにもとは美人だったのだろう。まったくの不美人だったら、美人とはいわれなかっただろうが、日本第一の美人といわれるようになったのは、そういう不幸な事情があったからだと考えられる。

- 小野小町が美人であったという確かな証拠はない。なぜ小野小町は絶世の美女とされているのか。
- 小野小町が列せられている六歌仙のうち、僧正遍昭、在原業平、文屋康秀は、文徳天皇の周辺にいた人物である。小野小町も文屋康秀と和歌のやりとりをしていることから同時代人であったといえる。
- 日本人がある人物を「聖」「仙」などと称揚する場合、その人物は不幸な目に遭った人物だと考えられる。怨霊となって祟りを起こさぬよう、神様のように祭りあげるのだ。
- 六歌仙は、文徳天皇の長男であったにもかかわらず、藤原氏との権力闘争に敗れて天皇に即位できなかった惟喬親王についていたグループだと考えられる。
- 小野小町は実際に美人であったろうが、天皇の乳母として出世したはずが出世できなかったという憂き目に遭ったことから、「日本一の美女」と目されるようになったのだ。

第六章　将軍実朝〝暗殺〟の黒幕は?

難を逃れた義時

鎌倉幕府の三代目、将軍源実朝《さねとも》は建保七年（一二一九）正月二十七日、鎌倉鶴《つるが》岡《おか》八幡宮の社頭で、甥《おい》の公暁《くぎょう》に暗殺された。実朝はこの少し前に右大臣に昇進したばかりであり、鎌倉武士一千騎を従えて晴れの参拝の折の変事であった。

およそ八百年経ったいまも、この事件の真相は明確ではない。なんといっても当代の最高権力者の暗殺事件である。複雑な政治状況がその背景にあったにちがいない。犯人の公暁は、実朝の兄で二代将軍であった頼家《よりいえ》の息子である。

鎌倉幕府の「正史」である『吾妻鏡《あずまかがみ》』では、目撃者の談として公暁が「父の敵《かたき》

実朝が暗殺された鶴岡八幡宮

写真提供：フォトライブラリー

を討つ」と叫んだと記している。たしかに頼家も暗殺されており、その犯人もじつは明確にされていないのだが、実朝を暗殺の犯人と考えるのは無理がある。当時の人々の判断も同じだったろう。だから、『吾妻鏡』を読むかぎり「父を実朝に殺されたと誤解した公暁が愚かにも」叔父の実朝を殺してしまった――というように読める。むしろこの方向に読者を誘導しようとしているかのようだ。

しかし、それにすんなりと従ってしまっていいのだろうか。幕府の「公式記録」が、真相として公表していることだからこそ、むしろ眉《まゆ》につばをつけて見る必要がある。権力者というものはつねに

源実朝　善光寺蔵

歴史を自己の都合のいいように歪曲《わいきょく》するという性癖《せいへき》をもっているからだ。はんとうに、この事件は『吾妻鏡』のいうとおり「恨《うら》みによる公暁の犯行」なのか、考えなおしてみなくてはならない。

まず、この暗殺事件によって、だれがいちばん利益を得たかということを考えてみよう。ご存じ、推理小説の鉄則である。もちろん一般の事件にも当てはまる。

注意しなければならないのは、この事件で殺されたのは実朝だけではないということだ。まず剣を持して実朝に従っていた源仲章《なかあきら》がいっしょに殺されている。この仲章は武士ではなく文官で、実朝の側近の一人である。それに犯人の公暁も、犯行後すぐに三浦義村《みうらよしむら》の差し向けた討手《うつて》に討ち取られている。つまり、実朝、公暁、源仲章の三人が死んでいるわけだ。仲章は事件のとばっちりで殺されたようにみえるが、どうもこの点も怪しい。というのは仲章の死について『吾妻鏡』や『愚管抄《ぐかんしょう》』は、公暁は仲章を「義時《よしとき》ゾ」と思って斬りつけたと記しているからだ。つまり公暁は仲章ではなく、執権《しっけん》北条義時を同時に暗殺するつもりだったことになる。

では、どうして公暁は仲章と義時をとり違えたのか。『吾妻鏡』によれば、義時はその日、実朝に従い剣を持す役目であった。ところが暗殺直前に突然「心神《しんしん》違《い》例《れい》」(原文のまま)となり、仲章と交代して帰ってしまったというのである。

この突然の心神違例について『吾妻鏡』は、義時が信仰していた十二神将の一人が、義時を死から逃れさせるために、わざと心神違例にさせたのだとしている。もちろん、これは事実ではあるまい。問題はどうして義時が難を逃れることができたか、ということだ。

とりあえず整理をしよう。

犯人そして黒幕の目的は「実朝、公暁、仲章」か「実朝、公暁、義時」のいずれ

かの組み合わせをすべて葬るつもりだったということだ。義時と仲章の交代が偶然とは考えにくいことから、やはりこのどちらかも暗殺犯人（黒幕）のねらいのうちに入っていたということになるだろう。

もう一つ確実にいえることは、いずれにせよ実朝、公暁の二人が死んだことによって、鎌倉将軍家は完全に滅亡したということである。実朝には四代将軍を継ぐべき男子はいなかった。もし実朝が生き長らえ養子を迎えることになったとしても、その候補者は公暁しかいなかったのである。つまり、黒幕は実朝を公暁に殺させ、その公暁を犯人として追討することによって、鎌倉将軍家を根絶やしにすることに成功したことになる。

黒幕は、将軍家が滅亡したことによって得をした人間だということだ。

推理point

源実朝が暗殺された日、もともと実朝に従い剣を持す役割を負っていたのは北条義時であったが、急きょ源仲章に交替していた。そして実朝、公暁がともに亡くなったことで鎌倉将軍家は滅んだ。この二つのことから黒幕の正体が推理できる。

義時黒幕説と義村黒幕説

江戸時代以来、暗殺の黒幕として最も疑われたのは、やはり北条義時であった。もちろん暗殺の直前に急病になって難を免れた点を怪しまれたのである。偶然というにはあまりにできすぎている。おそらく義時は何が起こるかを知っていたのだろう、だから義時が黒幕だ。

しかも義時には動機もある。鎌倉将軍家が三代にして絶えたことで、北条氏は独裁的権力を確立することができた――これが北条義時黒幕説である。

結果として歴史をみると、たしかにこの説は説得力がある。北条氏がのちに鎌倉幕府の実質的主人となったことは、紛《まぎ》れもない事実であるし、その点からみれば鎌倉将軍家は北条氏にとってじゃま者であったにちがいないからだ。

しかし、一見完璧にみえる北条黒幕説にも、じつは矛盾《むじゅん》がある。

それは公暁《くぎょう》が源仲章《なかあきら》を義時だと信じて殺している点だ。もし公暁と義時に共犯関係があったとすると、どうして公暁は「義時」を殺そうとしたのだろうか。公暁は二人の交代を知らなかったはずだ。だから公暁はあくまで義時を殺すつもりで、結果的に仲章を殺したということになる。義時が黒幕だとしたら、おかしくないだろうか。

この疑問に答えたのが三浦義村黒幕説である。この論者はまず、北条氏と並んで鎌倉政権を二分する勢力であった三浦氏の動向に注目する。三浦義村の妻が公暁の乳母《めのと》なのである。したがって、この両者は親子に近い感情をもっていたと考えられる。三浦義村は実朝を亡き者にし、あわせて北条義時を葬り去ることによって、公暁を将軍にし、みずからはその推戴者として執権の座に就《つ》こうとした。

計画では、まず公暁が実朝と義時を殺し、その混乱に乗じて三浦一族が兵を挙げて北条氏とその与党を滅ぼすことになっていた。

ところが義時はそれを察し、仮病を使って難を逃れた。実朝を殺しても義時が生き残ったのでは、計画は失敗だ。義時が生きているかぎり、大族である北条氏一門を滅ぼすのはむずかしい。そこで三浦義村は心変わりをした。いっさいの事情を知っている公暁を自分の手で抹殺《まっさつ》し、口を拭《ぬぐ》うことにした――これが三浦義村黒幕説だ。

事件当日、晴れの舞台であるこの公式参拝に、三浦義村は随従していなかった。これは事実である。義村ほどの実力者がどうして参加しなかったか、史書には病気ともなんとも書いていない。これをクーデターの準備のために兵を集めて別の場所にいたのだと考えれば、この三浦黒幕説の有力な傍証となる。しかも、公暁は犯行後、三浦一族のもとに助けを求めている。これも三浦黒幕説には有利な材料だ。また公暁が三浦の手の者に討ち取られたことも事実である。

となると、かなり説得力のある説なのだが、最近はこれにも疑問を表明する人が多い。

それはまず北条義時の「心神《しんしん》違例《いれい》」が事実に反するのではないか、という観点から表明されることになる。もちろん事実じゃない、それは仮病だ――というのがこれまでの見解だが、そうではなくて、義時が仮病を使ったということすらなかったのではないか、と考えるのである。つまり義時は随従を拒否したのではなく、事実は実朝のほうからついて来るなといわれたのだ。実朝は北条義時を、執権北条氏というものを、ことさらに低く貶《おとし》めるために、社参のときの供《とも》を許さなかった。

ところが『吾妻鏡《あずまかがみ》』の編者は、北条びいき執権びいきの余り、実朝からそんなに軽く扱われていたことをそのまま記したくない、記せば北条氏の名誉にかかわると考えて、義時がみずからの事情で持剣役を辞退したと曲筆したのだと考えるわけだ。

想像を逞《たくま》しくしすぎるという批判があるかもしれないが、じつは根拠がある。『愚管抄』には義時の心神が異常だったという記載はいっさいなく、かわりに実朝が義時に対して「中門ニトドマレ」と命じた、という記述がちゃんとある。

このとおりだとすれば、義時は実朝に待機を命ぜられたのであって、気分が悪いから退出したとか、持剣役を源仲章と交代したとかいうことも、いっさいなかったことになる。それに仲章はもともと京の後鳥羽《ごとば》上皇に仕えていた公家《くげ》の出身であるから、武士の役目である剣を奉持するという役を引き受けるのはおかしい。

実際、このとき仲章は松明《たいまつ》を持って実朝の足もとを照らし、先導する役目だったらしい。このことも『吾妻鏡』にはないが、『愚管抄』には記してある。私は「大本営発表」である『吾妻鏡』よりは『愚管抄』のほうを信じている。とすれば、いったいどういうことになるのだろうか。

まったく黒幕などいなかった、と考えることもいちおうは可能である。これはあくまで公暁の逆恨み《さかうら》による単独犯行であり、背景には何もなかったとするのだ。しかし、そうすると、なぜ仲章まで殺されたかということが説明できない。

剣を持っていたとしたら、実朝を助けようと抵抗したので、結局殺すことになってしまったのだ、ともいえるが。実際には、松明しか持っていなかったのである。暗殺犯は目標の人物だけをねらい、他の人間については目もくれないのがふつうである。慈悲心などではなく、余分な殺しをすればそれだけ目的の達成が危ぶまれることになるからだ。

仲章がなぜ殺されたか。どうやら義時と間違えられたというのも、『吾妻鏡』の創作くさい。この仲章殺害の謎を解けば、案外事件の謎はすらすら解けるかもしれない。

源仲章が目指していたもの

源仲章《なかあきら》、この人物は前述のように、もともと後鳥羽上皇の側近であった。ところが、おそらく実朝側の要請だろうが、はるばると鎌倉へ下り、こんどは実朝の学問の師、歌学の師となり、そしてついには幕府政所《まんどころ》の別当《べっとう》にまで任じられた。これを現代の内閣に譬《たと》えれば、実朝が総理大臣、仲章は官房長官ということになろうか。側近中の側近である。

実朝という人物について、われわれは根本的な誤解をしていたのではないだろうか、私は最近ことあるごとに、それをいっている。つまり、こうだ。

従来の実朝のイメージというのは、「ひ弱な文学青年」であり、「現実逃避のロマンチスト」であり、「将軍家などに生まれねばよかった詩人」である。こういうイメージがどこから出たか。一に『吾妻鏡《あずまかがみ》』である。彼はひ弱な、来るべき死の運命を予感した、そして政治的にはむしろ無能な人物として描かれている。しかし、これは大きく分ければ殺害者の側から書かれた実朝像である。

そして、もう一つは彼が歌人であるということからだろう。歌人というものは、現実の政治世界とは無縁と考える。これが近世以降の日本人の文学観である。だからこそ実朝も現実無視のロマンチストとして考えられたというわけだ。しかし、実朝が政治的に無能で、現実世界に関心のない人間だったとすると、どうして殺す必要があったのだろう？

北条にしろ三浦にしろ、みずからが将軍になろうとは夢にも思っていなかった。これは確かである。彼らはあくまで何か高貴なシンボルを担《かつ》ぎ上げ、その代弁者として権力を行使しなければならなかった。

現に、源家が三代にして滅んだあと、北条氏は京から公家《くげ》をよんで将軍の位につけている。しかし、そんなことをしなくても、実朝が従来のイメージどおりの人間だったら、殺さずに生かしておいて推戴していけばいいのである。幕府創設者の次男であることは紛《まぎ》れもないのだ、シンボルとしてはこれほど格好の人物はいなかったはずである。

つまり、従来の実朝のイメージで考えると、北条、三浦ら鎌倉武士に実朝を殺す理由がなくなってしまうのだ。北条はとくにそうだし、三浦にしても実朝には子はいないのだから、慌《あわ》てて殺さなくてもいいはずだ。黙っていてもそのうち公暁《くぎょう》の手に将軍の位が転がり込むかもしれないのである。

では、偶発的な事件なのか。それも違う。仲章が殺されているからだ。

すると答えは一つしかない。従来の実朝のイメージは違っている。実朝は鎌倉武士団にとって実質的にじゃまな、有害な存在だったと考えればよいのである。

ここで仲章の存在が再び大きくクローズアップされる。実朝は仲章を政所の別当の一人に任じて、いったい何をさせようとしたのか。仲章は実朝にどんな政治をさせようとしたのか。

仲章は後鳥羽上皇の元側近である。当然、それは親朝廷の政治だったろう。実朝が歌に熱心だったというのも、いわば公家社会での「市民権」を得るためだったと考えれば納得がいく。古典文学がお好きな方ならご承知のように、王朝政治では歌は不可欠の教養である。

つまり、実朝と仲章は、当時の朝廷の権力者である後鳥羽上皇寄りの政治路線をとろうとしていたのだろう。しかし、頼朝以来、長年苦心惨憺《さんたん》して武家の権益を守る政権を築き上げた鎌倉武士団にとって、この政治路線は絶対に許すべきものではなかった。

公家の政治のでたらめぶりに怒って、ようやく彼らは自前の政権をつくったのである。この政治の流れを再び逆流させようとする実朝らは、彼らの目には許しがたい裏切り者と映ったにちがいない。

かくして実朝は、仲章とともに粛清《しゅくせい》された。この一件に関しては、北条も三浦も利害は一致する。すなわち北条、三浦、いや鎌倉武士団の総意による抹殺である。黒幕は鎌倉武士団全員である。そして二年後、承久《じょうきゅう》の変が起こる。実朝ら親朝廷派の壊滅を知った後鳥羽上皇が、ついに武力による倒幕を決意するのである。

・源実朝と源仲章は、鎌倉武士団の「総意」で抹殺された。
・源仲章は後鳥羽上皇の側近であり、源実朝とともに、当時の朝廷の権力者である後鳥羽上皇寄りの政治路線をとろうとしていた。鎌倉武士団にとっては到底許すことができない政治路線であったのだ。
・源仲章と源実朝を両方抹殺する機会をうかがっていた鎌倉武士団は、北条義時に代わって源仲章が実朝の剣を持して従った（あるいは松明を持った）機会に、二代将軍頼家の息子公暁に二人を襲わせた。その後公暁は三浦義村の差し向けた討手に討ち取られ、口封じされた。

〔Ⅱ〕戦国～江戸時代編

第七章　なぜ上杉謙信は天下を狙わなかったのか

突然訪れた上洛のチャンス

上杉謙信《けんしん》がその晩年近くまで京へ進出することができなかったのは、ライバルの武田信玄が京への道筋に当たる加賀《かが》（石川県）、越前《えちぜん》（福井県）の一向一揆《いっこういっき》を扇動《せんどう》して、その道をふさいだからである。信玄と石山本願寺法主《ほっす》の顕如《けんにょ》とは妻を介しての義兄弟の仲であり、これに対して謙信は父親の代から一向衆を敵としていた。ところが、その信玄のあっけない死によって情勢は一変した。

その父親の代からの仇敵《きゅうてき》である一向衆との同盟が成立したのである。これは、一世紀近い対立に終止符を打つ、歴史的和解であった。一向衆は、伊勢（三重県）

上杉謙信像　米沢市（上杉博物館）蔵、部分

長島や摂津《せっつ》（大阪府）本願寺で織田信長と戦い、その体験から真の敵は信長であることを見定めたのである。

また、これより先、信長に追放されていた室町幕府最後の将軍足利義昭《よしあき》も、謙信に対して信長を討ち幕府を再興するよう要請した。あくまで大義名分にこだわる謙信に、ようやく天下取りのチャンスがめぐってきたのである。

天正四年（一五七六）秋、四十七歳の謙信は北陸へ出陣した。京への通り道となる各国の反上杉勢力を駆逐するためであった。越後《えちご》（新潟県）から京へ向かうには、越中《えっちゅう》（富山県）、加賀から越前、近江《おうみ》を経て京へ入るという道筋になる。このうち越前、近江はすでに信長の領国であり、それればかりか織田家の勢力は加賀、能登《のと》（石川県）にも進出しつつあった。

能登は畠山《はたけやま》氏の権威が失墜《しっつい》し、重臣の長続連《ちょうつぐつら》が国政を牛耳《ぎゅうじ》っていた。長氏は織田方についている。したがって謙信は能登を攻略しなければならなかった。直接の道筋ではないとはいえ、能登に反上杉勢力が存在するかぎり、上洛《じょうらく》の道は安泰とはいえないからである。北陸へ出陣した謙信はまず越中の栂尾《とがのお》城、増山城を落とした。この勢いで越中を平定し、さらに能登に侵入した。

これに対し、織田家に好意を寄せる長続連は、名目上の主君畠山春王丸《はるおうまる》を擁して北陸第一の要害七尾《ななお》城に籠城《ろうじょう》した。

この七尾城は、かつて四年間の籠城に耐えたこともある難攻不落の名城である。標高三〇〇メートルの山上に本丸があり、その周囲の尾根を削って、重臣の屋敷がぐるりと本丸を取り囲んでいる。しかも城への登山道は峻険《しゅんけん》をきわめ、山裾《やますそ》を流れる川が天然の堀の役目を果たしている。

謙信はこの城をその年の十一月に包囲したが、冬ということもあり攻めきれず、包囲のまま能登で越年する。

明けて天正五年（一五七七年）、謙信は七尾城を包囲したまま、加賀へ進出しようと軍勢を集結させた。これより前、信長は加賀の一向衆の征伐を家臣の柴田勝家《しばたかついえ》らに命じていたのである。

ところが、ここでまた関東に騒ぎが起こる。北条氏康《うじやす》の跡を継いだ氏政《うじまさ》が、将軍足利義昭の要望を無視して、謙信の留守中に関東の切り取りをはじめたのである。氏政の攻撃を受けた大名は「関東管領《かんれい》」の謙信に救援を求める。義を重んじ名にこだわる謙信は、律義《りちぎ》にも引き返した。これに勢いを得た長一派は、謙信に奪われた能登国内の諸城を奪回する。

じつはこれが謙信の生涯においてしばしば見られるパターンであって、謙信が何かの成果を得ようとするとき、関東で騒ぎが起こり謙信は律義にも出陣する。しかし、北条氏は一度の遠征でたたきつぶせるような相手ではない。結局、寸土を得ることもなく引き返す、得ようとしていた成果も得られずに終わる、というパターンである。このエネルギーの浪費が謙信を「天下」から遠ざけていた。

信長、謙信との決戦を決意する

しかし、謙信はこのときから少し変わったのではないか、と思われるふしがある。というのは、謙信はたしかにこのとき越後には帰ったが、どうやら関東には出兵しなかったようなのである。野心の芽生えというよりは、関東管領の職務よりも将軍家再興のほうが、より重要な任務だと思ったのかもしれない。名分を重んじる謙信だから、この可能性は大いにある。

この年の閏《うるう》七月、謙信は再び能登に出陣し、再び七尾城を包囲する。驚いた長一族は、近江の安土城《あづち》の信長のもとへ、援軍要請の密使を派遣する。

これを受けた信長はついに謙信との決戦を決意し、三万の大軍（数については諸説あり）を七尾城救援に向かわせた。

総大将を織田家筆頭家老の柴田勝家とし、以下羽柴《はしば》秀吉、丹羽長秀《にわながひで》、滝川一益《たきがわかずます》、前田利家《としいえ》、佐々成政《さっさなりまさ》、稲葉一鉄《いってつ》――織田軍団の最強メンバーといっていい。

このころの信長は、領国が拡大し有能な将は各地に分散している。それを召集し、このようなメンバーを組んだのだから、信長がどんなに慌《あわ》てたか、謙信を恐れていたかわかるのである。信長自身も軍勢一万八千を率いてあとを追う予定だった。

越後軍団、七尾城を包囲す

一方、謙信は三万の軍勢で七尾城を包囲していた。

謙信の留守中に熊木城などの支城を上杉方から奪還し、一時は盛んな勢いを見せた畠山勢だが、このとき士気は衰え城内は乱れていた。

疫病《えきびょう》が発生していたのである。

どんな病気であったか、くわしく書いたものはないが、閏《うるう》七月二十三日に、城主の畠山春王丸が死に（まだ子どもだったと伝えられる）、その三日後には叔父で後見役の二本松伊賀守《いがのかみ》も死んだ。城主が死ぬぐらいだから、病に倒れた士卒は数知れず、城内は悪臭に満ち惨憺《さんたん》たるありさまであった。

こうしたなかで城兵を支えていたのは、やがて織田の援軍が来てくれるという希望であった。実際、三万の大軍が七尾城を目ざして進撃中であった。

ただし、この情報はおそらく城内には伝わらなかったと思われる。七尾城は完全に包囲されていたし、織田軍の通り道である加賀は一向《いっこう》衆の勢力が強い。情報が遮《しゃ》断《だん》されていただろう。

それにしても、この疫病さえなければ、城兵はまだまだもちこたえることができただろう。何しろかつて四年の攻防戦に耐えた名城である。城主が死んだといっても、もともと傀儡《かいらい》的存在だったたし、城内を実質的に統率しているのは重臣の長続《ちょうつぐ》連《つら》・綱連《つなつら》親子である。この長一族はあくまで織田軍の救援を信じ、がんばりつづける覚悟でいた。

しかし、当時は無線も電話もない。救援要請の密使が安土城へたどり着いたかどうかも確認はとれないのである。一日千秋《いちじつせんしゅう》の思いで織田軍を待ちつづけながら、ひょっとしたら密使は捕《つか》まったのではないかと、こみ上げてくる不安を、何度も打ち消していただろう。

長一族にも弱点はあった。それは彼らがもともとの城主ではないということである。正統な君主は畠山氏だ。だから彼らはまだ幼い春王丸を名目上の城主の座につけることによって、権力を保ちえた。

こうなると長一族の立場はたんなる重臣筆頭である。他の重臣たちと本質的に同格で、ただ筆頭ということでかろうじて権力を保っているにすぎない。当然、反対派もいただろう。

「援軍など来るものか、そんな当てにならないことを待っているうちに、城内は疫病で全滅してしまう、ここは上杉勢に降伏すべきだ」

と主張する者たちもいたにちがいない。

難攻不落の名城、ついに陥落

謙信はこのような城内の乱れを察知し、長一族につぐ重臣である遊佐続光《ゆさつぐみつ》、温井《ぬくい》景隆《かげたか》らに、ひそかに使いを送り内応をよびかけた。裏切りである。やがて、返事が来た。もちろん、承諾されたのである。

ここに七尾城の運命は決した。

その年の九月十五日、遊佐、温井らはクーデターを決行した。**長続連・綱連親子を抹殺し、城門を内側から開いたのである。**

こうなれば、いくら難攻不落の名城とはいえ、どうしようもない。城内に乱入した上杉軍は長一族百余名を皆殺しにして、城を完全に制圧した。能登一国はようやく平定されたのである。

あの謙信作として有名な七言絶句は、このときに詠《よ》まれたものだとされている。

霜満軍営秋気清　　霜《しも》は軍営《ぐんえい》に満ちて秋気《しゅうき》清し

数行過雁月三更
越山併得能州景
遮莫家郷憶遠征

数行《すうこう》の過雁《かがん》、月三更《つきさんこう》
越山《えつざん》併《あわ》せ得《え》たり能州《のうしゅう》の景
遮莫《さもあらばあれ》家郷《かきょう》遠征を憶《おも》う

謙信といえばこの詩がすぐに頭に浮かぶほどの有名な詩であるが、どうやらこれは後世の作らしい。しかし、謙信の心情はここに述べられているとおりだったろう。

秀吉の突然の陣払い

一方、結果的に長一族を見殺しにしてしまった信長は、何をしていたのか。話は前後するが、七尾城救援に向かった織田軍は、加賀北部で一向一揆《いっこういっき》の激しい抵抗に遭い、足どめされていたのである。業《ごう》を煮やした柴田勝家は、一ヵ村ごと焼き討ちにして、抵抗を排除する作戦に出た。まるでベトナムに対するアメリカ軍の作戦のようだが、この両者は非常によく似た関係にある。

柴田勝家　「本朝名将百図」（長浜城歴史博物館蔵）より

柴田にしてみれば、一向衆というのは女、子どもまで戦闘員の不気味な集団に見えただろう。信長自身、伊勢長島の一向一揆を討伐する際は焼き討ち、皆殺し作戦を敢行している。この姿勢が謙信と一向衆を結びつけてしまったともいえるし、それがこの際の障害になったともいえよう。しかも、柴田らは七尾城に疫病が蔓延《まんえん》していたことも知らない。まだまだ七尾城はもちこたえると信じていただろう。それが行軍の速度にも影響したのではないか。

本来なら多少の犠牲は無視して、一直線に七尾城を目ざすべきであったが、おそらく柴田らはいまのうちに加賀の一向衆に壊滅的な打撃を与えておこうと思ったのかもしれない。

　というのは、このまま直進すれば七尾城下で上杉軍と決戦になるわけだが、一向衆をそのままにしておけば背後を突かれる恐れがある。だから謙信が七尾城攻めに気をとられている間に、その味方の一向衆を討つというのは作戦的には悪くない。敵が一つに固まらないうちに各個撃破するというのは、古今を通じての戦術の原則である。ただ、この戦術は「七尾城は当分落ちない」という前提のもとに遂行されていたところに問題があった。

　ここで一つの事件が起こった。**織田軍の副将格である羽柴秀吉が、主将柴田と喧《けん》嘩《か》して、勝手に陣払いをして近江へ帰ってしまったのである。**これは抗命罪、場合によっては敵前逃亡罪にも問われかねない重罪である。もちろん主君の信長の許可も得ていない。

　どうして秀吉がそんな行動に出たかわかっていない。勝手に陣払いをして帰ったという事実は『信長公記』にも書いてあり、間違いないのだが、その理由はどの記録を見ても書かれてはいないのである。

そこで想像するほかはないのだが、おそらくそれは、作戦に関する意見の相違であったように思われる。この勝家と秀吉というのは、のちに宿命のライバルとして殺し合うことになるが、この当時からすでに仲はよくなかったらしい。

しかし、たんに感情のもつれから喧嘩をして公務を放り出したというのであれば、専制君主であった信長が許すはずはない。信長は激怒し秀吉に謹慎を命じたが、それ以上は罰していない。これは秀吉の行動がたんなる私憤の結果ではなかったことを示しているといえる。

では、両者の対立は何だったのか。まず考えられるのは、一向衆は打ち捨ててでも一刻も早く七尾城を目ざすべきだと秀吉が主張し、柴田がそれに反発したという見方だ。これは七尾城さえ十分にもちこたえられるなら、柴田の意見のほうが正しいのだが、秀吉は独特の直感で七尾城が危ないと思ったのかもしれない。

しかし、柴田にしてみれば「戦術としてはおれのほうが正しい」という自負がある。譲ることはなかったろう。まして仲の悪い秀吉が相手だ。激高すれば「このサルめ、何をいうか」ぐらいのことはいったかもしれない。

もう一つ考えられるのは、柴田の焼き討ち作戦を秀吉が批判したという見方だ。

秀吉は残酷《ざんこく》なことをきらった人であり、その可能性は大いにある。しかし、これも主君の信長もやっていることであり、柴田にしてみれば文句はいわせないという態度に出たのだろう。

この離脱騒ぎは、織田軍にとって不吉な前兆となった。

柴田勝家の深夜の総退却

謙信は七尾城を手に入れると、織田の援軍が加賀《かが》北部まで進出して来ていることを知り、ただちに軍を南下させた。

柴田のほうはそんなことになっているとは夢にも思わない。一揆勢を蹴散《けち》らして手取《てどり》川（石川県白山《はくさん》市）を渡河し、河畔の水島という地に駐屯《ちゅうとん》した。ここではじめて七尾落城の知らせがもたらされた。

まさかという思いがあっただろう。どうして難攻不落の名城が落ちたのか、謙信とはそんなに強いのかと、柴田らは恐怖すらいだいたかもしれない。もうこうなっては撤退するしかない。

要衝《ようしょう》七尾城が上杉勢に奪われた以上、今回の戦略目的は失われたからだ。せっかく大軍を率いて来たのだからと、一戦を交えようという気はなかったらしい。おそらく信長の厳命によるものだろう。もし謙信と一戦して負ければ、今後の情勢に与える影響は大きい。何よりも両者のどちらに味方しようかと決めかねている者にとっては、この勝敗は大きな判断材料になるからだ。一戦も交えずに引き揚げても、負けたのとは違うから、問題はない。

総大将勝家は全軍退去を命じた。日本最強ともうわさされる謙信率いる上杉軍と戦うため、全身に緊張をみなぎらせていた織田軍の兵士は、おそらくほっとして気がゆるんだのだろう。

死ぬかもしれないと覚悟を決めて出て来たところ、生きて帰れることになったのだ。気をゆるめるなというほうが無理かもしれない。

織田軍には不運な点が二つあった。

一つは七尾城陥落の知らせが届くのが遅すぎた、ということである。そうとは知らないからこそ、織田軍は手取川を渡ってしまったのである。

もし、渡河の前に情報が入っていれば、織田軍は川の手前でただちに引き返し、仮に謙信が追撃して来たとしても、手取川が上杉軍を阻《はば》む防壁となる。大軍が川を渡るというのは、かなり手間のかかることだからだ。だが、その防壁はすでに越えてしまった。川は織田軍の前方ではなく背後にある。

もう一つの不運は、連日の雨で手取川がかなり増水していた、ということである。行きはよく見えた浅瀬や中洲《なかす》が、水没してしまっていた。土地不案内の織田軍にとってこれはかなりのハンディである。

それでも勝家は九月二十三日の深夜、全軍に撤退命令を出した。謙信が織田軍本営から、わずか一里半（約六キロ）の松任《まつとう》城まで来ているという情報が入ったからだ。その数およそ三万である。

翌朝まで待てば上杉軍はかならずここまでやって来る。そうすると、背中に増水した川を背負った「背水《はいすい》の陣」で謙信と戦わなくてはならなくなる。そこまでする時期ではないし、また信長から絶対に無理な戦いはするなととめられていたのだろう。そこで勝家は、夜の闇に乗じて一気に兵を引いてしまおうと思った。

先ほど述べたように手取川は増水しているのだから、渡ってさえしまえば敵は追撃がむずかしくなる。織田軍は一刻も早く渡ってしまおうと、いっせいに渡河をはじめた。

信長に見せつけた謙信の底力

ところが、謙信のほうが一枚も二枚も上手《うわて》だった。**こんな織田軍の動きをすべて読んでいたのである。**ひそかに松任《まっとう》城を出発し、織田方が渡河にかかったところを三万の軍勢で急襲した。

織田軍は里心《さとごころ》がついたところであり、しかも渡河の準備はしていても合戦の準備はできていない。ただでさえ油断したところを襲われた軍勢はもろいのに、この場合は、前方に謙信率いる勝ちの勢いに乗った日本最強の軍団、後ろに増水した急流の川という最悪の状況であった。

当然、織田軍はさんざんに打ち破られた。

戦死者は一千余、しかもその大半は溺死《できし》者であった。海戦ならともかく陸戦で、溺死者が戦死者の大半を占めるというのはきわめてめずらしい。

これが世にいう手取《てどり》川の夜戦である。謙信会心《かいしん》の勝利であった。

こうなると信長が精鋭中の精鋭を送ったのも裏目に出た。その精鋭中の精鋭を、謙信は苦もなく打ち破った。謙信は信長よりはるかに強い、織田軍などたいしたことはない――。こういう評判が全国で語られることになった。信長の弱さを皮肉った狂歌がいまに伝えられている。

上杉に逢《お》うては織田も手取川
はねる謙信逃げるとぶ（信）長

だれでも強いほうに付きたいのが人情である。しかも戦国乱世というのは、帰属の判断が自己の生命・財産だけでなく、家臣の運命まで左右する重大な決断となる。だから、どちらが勝ったかというのは、われわれが考える以上に貴重な情報、いや財産であった。この戦いで謙信は、戦争という「技術」において、信長よりはるかに上であることを示したのである。

負けた信長は、この「技術」の価値をよく知っている武将であった。だから、緒戦に勝つと、さっと兵を引くという、いわゆる「勝ちを取る」戦法をよく使ったし、負けそうなときはみずから先頭に立って逃げるという戦法もとった。この手取川も、へたに戦うより兵を引いたほうがましだと考えたのだろう。その隙《すき》をまんまと謙信に突かれたのである。

だからこそ、これは謙信にとって会心の勝利であり、信長にとってはほんとうの意味での痛恨《つうこん》の一敗なのだ。失ったのは兵一千だけではない。いや兵ならば信長の実力をもってすればすぐに集めることができる。しかし、失った評判は、もう一度謙信と戦って勝たねば回復することはできない。日本最強の軍団と不利な勝負をしないかぎり、評判は戻ってはこないのである。

このとき、謙信はほんとうの意味で天下取りの大レースへ大きく名乗りをあげたといってもいいだろう。信長にたたかれ意気消沈《しょうちん》していたグループ、足利将軍家、本願寺、毛利氏などは大喜びしたにちがいない。

推理point

難攻不落の七尾城を陥落させた後、手取川の戦いで信長軍に対し会心の勝利を得た上杉謙信。このとき、謙信は天下取りの大レースへ名乗りをあげたといえる。

春日山城図　新潟県立図書館蔵

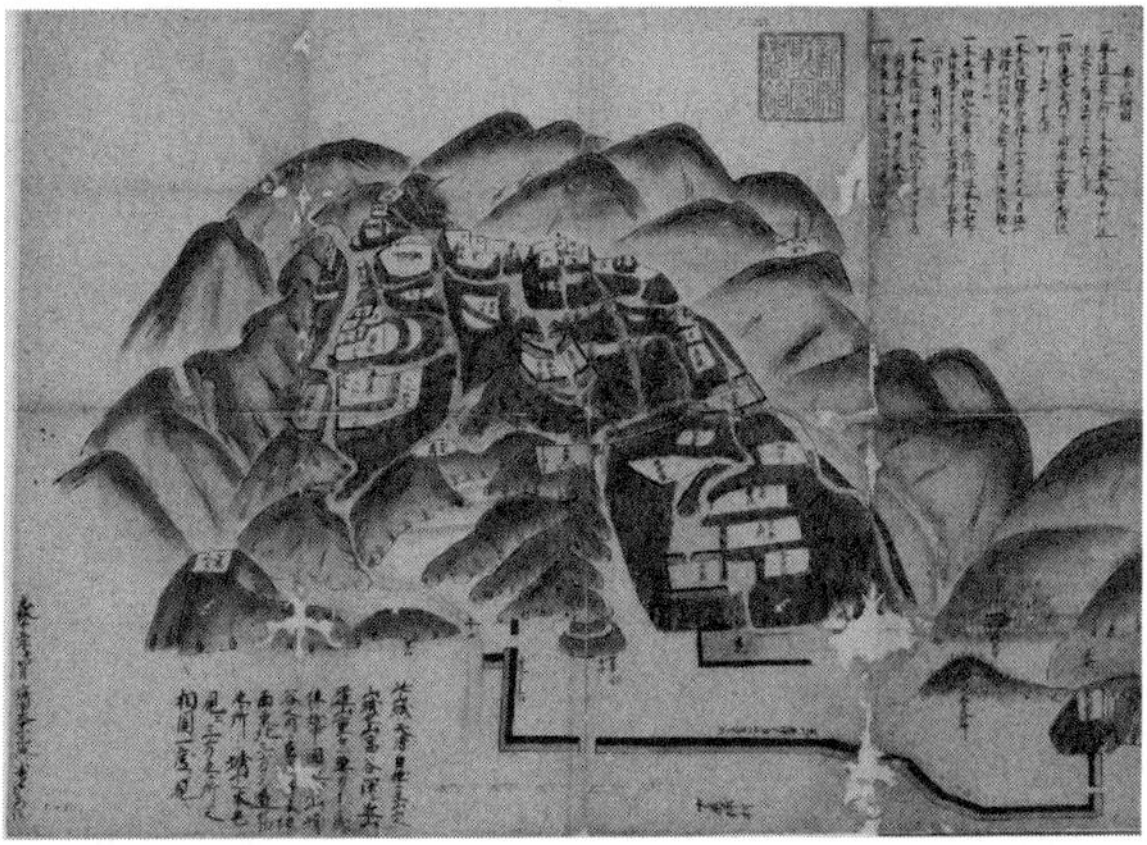

なぜ一気に上洛しなかった？

さて手取川の一戦後、謙信はいったん能登に戻り、七尾城を修築した。そして能登を固めてから、その年天正五年（一五七七）の十二月に本拠地越後の春日山《かすがやま》城に凱旋《がいせん》した。

明けて天正六年、再び関東の諸将から出兵要請があった。結城《ゆうき》、里見、佐竹といった連中が北条に圧迫されていたのである。

しかし、この出兵は見合わせるべきだった。いまこそまたとないチャンスであるからだ。本願寺も味方についたし、越前、加賀を席巻《せっけん》し、一気に信長の本拠地近江を突くべきだ。

だが、そこが謙信である。謙信は結局、関東の諸将の要請を受け、北条討伐の軍を起こすことを決意した。

なんという決断だろう。結局、関東管領という肩書は、謙信にとってマイナス以外のなにものでもなかった。謙信が関東管領の職務に精励するために失ったものははかり知れない。もし、彼が、上杉の養子ではなく、副将軍にでも早々となっていたら、時代の展開はまるで違ったものになっていたかもしれない。

好意的にみれば、謙信のこのときの決断は、まず背後を安全にしてから西征に乗り出すためといえないこともない。しかし、それならもっと簡単な方法がある。北条と同盟することだ。同盟を結ぶのはむずかしくない。関東は北条の勢力範囲として認め、謙信はいっさい手を出さないということにすればいいのである。そのかわり北条も謙信の領国には手を出さない、と約束させる。むしろ同盟というより、相互不可侵条約である。これなら謙信は安心して上洛の途につける。

なぜそれができないか。**歴史上、北条と上杉の同盟（相越同盟）はじつは何度も成立している。しかし、すぐに壊れてしまう。その理由はただ一つ、謙信が関東管**

領だからである。謙信がまじめに関東管領の職務を務め上げようとするからである。

大義名分にこだわる謙信からみれば、北条は管領上杉家を追い落とした賊であるし、北条が関東の諸大名を圧迫するのは許せない、ということになる。

しかし、北条にしてみれば、将軍さえ有名無実化しているこの乱世に、何をばかなことをいっているのだ、ということになるのだ。これは北条の言い分のほうが正しい。

だが、謙信はそうは思わなかったはずである。先ほど、謙信にとって関東管領就任はマイナス以外のなにものでもなかったといったが、当の謙信もそう思っていたかというと疑問がある。むしろ謙信はそんなことは露ほども思っていなかったのかもしれない。そのあたりが謙信の魅力でもあり弱点でもある。

推理point

天正六年、上杉謙信は一気に信長の本拠近江を叩くべきであった。しかし謙信は北条討ちのために関東に出兵する。それはなぜか？　大義名分にこだわる謙信は、関東管領の職務を律儀に果たそうとしたのであった。

再び関東出兵の陣ぶれ

信長は尾張一国の大名のころから、すでに天下取りのビジョンがあった。それは、とにかく何がなんでも京都へ入り、将軍なり天皇なりの権威を利用して天下に号令するということである。**だから京に向かう際の背後になる徳川家康と同盟し、そのかわり駿河《するが》（静岡県）に対する野心をいっさい捨てた。**

これはいまからみると、なんでもないことにみえるかもしれないが、じつはたいへんなことである。並の大名なら、まず近隣国を取って本国の周囲を固めようと考える。とくに駿河は信長自身が今川義元を破って以来、ばか殿氏真《うじざね》が跡を継ぎ、弱体化していた。しかし、駿河は気候はよく地味《ちみ》は豊かで、生産力という点では日本有数の国である。政治（軍事）は三流、経済は超一流という、「国盗《と》り」時代には、番人のいない宝の山のようなものだ。

その宝の山を信長は捨てたのである。駿河にかかわっていては上洛が遅くなるからだ。それに駿河に手を出すと、早い時期に北条、武田と対決しなければならなくなる、という読みもあったかもしれない。

そこで、駿河を手に入れることはいっさい諦《あきら》め、むしろ徳川にこれを餌《えさ》として与えることによって、北条、武田に対する忠実な番犬とした。そして京への第一歩として北進し美濃（岐阜県）を取り、一方、京への通り道である北近江の浅井氏とは婚姻によって同盟を結び、どうしてもいうことを聞かない南近江の六角《ろっかく》氏だけは実力で滅ぼした。そして、真っ先に上洛したのである。

徳川と共闘して宝の山の駿河をいただこうなどと考えていたら、そんなに早く上洛することは不可能だったろう。それどころか、へたをすると、北条、武田と国境を接することによって、三すくみの状態に追い込まれ、動くに動けないかたちになっていたかもしれない。大目的のためには目先の利益を捨てる、これが戦略というものである。

残念ながら謙信には、こういう戦略が欠けていたといわざるをえない。もちろん目先の利につられたというのではない。損得でいうなら、戦国武将のなかで上杉謙信ほど損得を超越した人はいない。

関東管領の職など北条にくれてやればいいのである。関東を実質的に管理、監督しているのは北条なのだから。しかし、それも彼には絶対できないことだった。北条は関東管領上杉憲政《のりまさ》を追い落とした仇敵《きゅうてき》だからである。

とにかく謙信は、関東出陣を決意した。そのために諸将も集めた。

このあと謙信は不思議なことをする。後世に付会《ふかい》された伝説かもしれないのだが、京から画工をよんで、法体《ほったい》（出家した僧の姿）の肖像を描かせているのである。この画は焼失して現在は残っていないが、一説によると雲に乗って昇天するさまを描いたものだったという。

謙信は雪解けを待っていた。雪に閉じ込められる越後では、春にならねば出陣はできないのである。

上洛の夢、ついに成らず！

その出陣を控えた天正六年（一五七八）三月九日の昼ごろ、謙信は突然、厠《かわや》（便所）で倒れた。そのまま意識が戻らず危篤状態となり、四日後の十三日に四十九歳を一期《いちご》としてその生涯を終えた。脳卒中であったといわれている。

現代でも冬の寒いころトイレで倒れる人はよくいる。そのまま人事不省《じんじふせい》になるというのも、典型的な症状である。謙信の辞世として「四十九年一睡夢《いっすいのゆめ》一期栄華《いちごのえいが》一盃《ぱい》酒《のさけ》」というのが伝えられているが、これはおそらく後世の人間がつくったものだろう。

人事不省のまま亡くなった謙信に辞世が詠めるはずもないし、死を予期するほどの病気を患っていたわけでもない。文字どおりの急死であった。

葬儀は翌々日の十五日に営まれ、「不識院殿真光謙信法印大阿闍梨《ふしきいんでんしんこうけんしんほういんだいあじゃり》」という法名が贈られた。

これまで彼のことを「謙信」とよんできたが、彼はあるときは長尾景虎《かげとら》であり、上杉政虎《まさとら》であった。謙信と名乗ったのはじつは四十一歳のころからであることをお断わりしておこう。

遺骸《いがい》は甲冑《かっちゅう》を着けたまま甕棺《かめかん》に納められ、春日山城内に埋葬されたが、のち慶長六年（一六〇一）に上杉氏の米沢《よねざわ》転封にともなって改葬され、現在、謙信は米沢市内の上杉家廟所《びょうしょ》で永遠の眠りについている。

謙信は大酒飲みであったらしい。

というのは、その上杉神社に、謙信の日常使った品が多数納められているのだが、そのなかに謙信が馬上で酒を飲むために使ったという朱塗りの大盃が保存されているからだ。結局、その大酒癖《たいしゅへき》が脳卒中という結果を招いたのだろう。

謙信が不運な人物だったかどうかは一概にいえない。たしかに、せめて、あと五年長生きしていれば、天下はどうなったかわからないが、彼自身は天下を取れなかったことを、ライバルの武田信玄ほど悔《くや》しがっただろうか。

酒を飲みたいだけ飲んで、自分のやりたいことをやる、ある意味で最も幸福な生涯だったといえなくもない。

関東管領としてのさまざまな戦いも、私にはマイナスとしか思えないが、謙信はそうは考えていなかったかもしれないからである。

・織田信長に追放されていた足利義昭は、上杉謙信に信長を討ち幕府を再興するよう要請した。
・上杉謙信は関東管領であった。謙信は、大義名分を重んじ、関東管領の職務を務め上げるために、しばしば関東に向けて出兵した。しかし天正五年、能登の難攻不落の七尾城を攻めていた謙信はいったん帰国したのち、関東に出兵することなく再度能登攻めに向かった。関東出兵より将軍家再興を重んじたのかもしれない。
・謙信は調略により七尾城を陥落させ、さらに柴田勝家軍の動きを読み切り手取川の戦いで勝利した。この勝利により謙信の勇名は世に轟《とどろ》いた。
・だが天正六年、謙信は近江の織田信長を叩く最大のチャンスを犠牲にして、関東の諸将の要請に応じ、再度関東に出兵することを決意した。そして三月に厠《かわや》の中で倒れ、四十九年の生涯を閉じたのである。

第八章　毛利元就が仕組んだ〝相続劇〟の真相

アメリカ型の信長、日本型の元就

M&AとはMerger and Acquisition（合併と買収）であり、いわゆる戦闘的な「企業乗っ取り」から平和的な「対等合併」まで、戦闘的なものから平和的なものまですべて含めた概念であることは、広く知られている。

しかし、同じM&Aでも、アメリカと日本ではかなりニュアンスの違いがある。そのために日本型M&Aという言葉さえ生まれたほどだ。

何が「日本型」なのか。

さまざまな識者の見解を総合すると、アメリカ型は「正面切っての乗っ取り、買収」が多いのに対し、日本は「対等合併、営業権の（平和的）譲渡」というかたちが多い。

私なりに整理すればM&Aとはアメリカでは「戦争」であるが、日本では「外交交渉」ととらえている。いや、むしろ、そう思いたい、あるいは見せかけたい、という願望がある、といったほうが正確だ。

なぜ、そういう傾向があるのか。これを探るために、戦国時代の歴史を振り返ってみよう。

戦国時代はいうまでもなく、各地に割拠《かっきょ》する戦国大名が領国を取ったり取られたりしていた時代だ。もちろん、そのために、ビジネス戦争ではなくほんとうの戦争、つまり殺し合いをする。

逆にいえば、いかにビジネス戦争が苛烈《かれつ》になったとはいえ、表立って人が殺し合うことはいまはないから、昔のことは全然参考にならないのではないかというと、これはまったく違う。

たしかに、斬首《ざんしゅ》（首と胴が離れる）と馘首《かくしゅ》（いわゆるクビ）とは違う。違うが「解雇」という点では同じことだ。だから、その点を「割り引き」すれば参考になる。

「戦争」と「ビジネス戦争」でも同じことで、人間のやることは昔から大筋は変わらないのである。

戦国武将のなかで、最も戦闘的で「アメリカ的」だったのは織田信長である。では正面切って「戦争型」の「国盗《と》り」ではなく、一種の「話し合い合併」のようなかたちで領国を広げていったのはだれかといえば、一九九七年の大河ドラマの主役でもある毛利元就《もうりもとなり》であった。

小豪族から百万石の領主へ

元就は、大名というには恥ずかしいほどの小豪族の次男として、明応六年（一四九七）に生まれた。信長より三十七歳も年長である。戦国大名としては少し先輩に北条早雲《そううん》（六十五歳年上）がいるくらいで、まだ下剋上《げこくじょう》の世ははじまったばかりだ。次男だからたいした財産ももらえない。いわゆる「部屋住み」のような身分で、毛利一族の主城郡山《こおりやま》城は兄興元《おきもと》のものとなり、元就は父の隠居城であった猿掛《さるかけ》城という小城の城主にすぎなかった。

城主といってもたいしたことはない。のちの大坂城や名古屋城とは違って、いくつもある出城《でじろ》のうちの一つだ。身代《しんだい》は兄の三千貫（貫高制、石高では四千石程度）に対して、わずか七十五貫だったという。これだと百石にしかならない。兄の興元のほうは三千貫ではなく三百貫だったという説もあり、これだと毛利一族は全体でも五百石程度しか収入のない一族ということになる。

ちなみに江戸時代の大名なら最低でも一万石ある。大名以下の旗本でも「大身《たいしん》」ならば三千石以上はもらっている。あの「旗本退屈男　早乙女主水之介《さおとめもんどのすけ》」ですら千二百石取りだ。それを思えば、元就の身代はどの程度のものか想像がつくだろう。

元就はこの境遇から、最終的には百万石を軽く超える中国十ヵ国の領主にまで出世したのである。

その第一歩が毛利本家の相続者となることだった。

元就の幸運の第一歩は、兄の興元が病気で早世したことである。跡継ぎの幸松《こうしよう》丸《まる》はわずか二歳だ。

ここで元就の最初のM＆Aがはじまった。すなわち**「本家乗っ取り」**である。

もちろん、戦争をしかけてむりやり乗っ取るなどというばかなことは元就はしない。そんなことをする戦力もないし、第一、そんなかたちで主家を奪っても、家来が心服しない。

元就は他家との戦争には積極的に出陣し、一門（親族）の信頼を集めた。つまり「あの男はできる男だ」と思わせたのだ。

そのうえで、本家の重臣たちから「元就に後見人になってもらおう」という声があがる。そして、元就は本家の郡山城に入る。そのうちに、幸松丸が病死する――こうして元就は本家の相続人となって三千貫の領地を継いだのである。

元就は「幸運」だったのか？

けっしてそうではない。

証拠はないが、本家の重臣たちが元就に後見を望んだのも、元就自身が裏から手を回したためだし、幸松丸が「病死」したのも怪しい。

というのは、これは確かな事実だが、元就は幸松丸の母の父、つまり兄興元の義父でもある高橋久光《ひさみつ》の一族を「本家のいうことを聞かない」という理由で攻め滅ぼしているからだ。これによって幸松丸は後ろ楯《だて》を失って、ほんとうの孤児になってしまったのだ。

毛利元就像　毛利博物館蔵、部分

本家のいうことを聞かなかったのはほんとうかもしれない。しかし、それは日ごとに元就が本家での発言権を獲得し、幸松丸の地位が危なくなったからではないのか。

いま伝えられている話は、すべて毛利が中国を平定してから、記録されたことである。元就の悪意が伝えられていないのではないか。

なぜそこまでいえるかというと、元就はこれ以後同じことを何度かやっており、それは明らかに乗っ取りであるからだ。

推理point

兄の子の幸松丸が病死したことで、毛利元就は本家の相続人となった。これは単なる幸運であったとは思えない。その前に、元就は幸松丸の母方の祖父の一族を滅ぼしている。

仕組まれた相続劇

元就には多くの男子があった。長男隆元《たかもと》は早世したが、次男吉川元春《きっかわもとはる》、三男小早《こばや》川《かわ》隆景《たかかげ》はのちに「毛利の両川《りょうせん》」とよばれ、兄の遺児で本家を継いだ輝元《てるもと》を盛り立てていくことになる。

では、なぜ元春や隆景は毛利姓でないかというと、ちょうど元就が本家に対して行なったようなM&Aを、近隣の豪族であった吉川家、小早川家に対して行なっているからだ。

三男のほうが先だった。

小早川家は毛利家と同じくらいの身代で、当主同士も仲がよかった。ところが当主の小早川正平《まさひら》は尼子《あまこ》との戦いで命を落としてしまう。あとには目の不自由な又鶴丸という子が残った。厳しい戦国の世だ。近くに尼子氏という大勢力がある小早川家としては、目の不自由な子どもを当主とするわけにはいかない。そこで、小早川家では一族、重臣が相談して、つまり小早川家から願うかたちで元就の三男隆景を養子にもらい当主とした。

長男・毛利隆元　常栄寺蔵、部分

三男・小早川隆景　米山寺蔵

出所：東京大学史料編纂所所蔵模写、部分

このことに「たとえ障害があるといっても又鶴丸様はお血筋である。仮に養子をするにしても同族のなかから迎えるべきなのに、赤の他人を養子にするなど、とんでもない」という反対論を出した者が重臣の一部に出た。元就はどうしたか？

この連中を皆殺しにした。文字どおりクビを切ったのである。作家海音寺潮五郎氏はいっている。「こんなことを家中《かちゅう》で一人ならず数人の者がいったというのは、この養子縁組のそもそもにおいて、元就が相当手を入れて小早川家の一族や老臣らを籠絡《ろうらく》した疑いを抱かせるのに十分なものがある」（『武将列伝』文藝春秋）――まさにそのとおりである。

これが次男の元春の場合はもっと露骨だ。吉川家の当主は興経《おきつね》だった。ところが、家中に騒動が起こった。興経が特定の家来をひいきにするため、これに怒った譜代《ふだい》（先祖代々）の家臣たちが、その家来を抹殺《まっさつ》してしまった。当然興経も怒る。家中は、主君興経を支持する者と、それに反発する重臣たちで真っ二つに割れた。

そして、結局、重臣たちはとんでもない決意をした。興経を隠居させてしまい、そのあとには元春を養子として迎え、当主と仰ぐというのだ。

重臣たちは元就に要請してきた。

元就は喜んでこれを受け、元春を派遣した。

これはいまに譬《たと》えれば、重役たちが結束して、取締役会で社長の解任を決議したということだ。

そこまではわかる。じつは戦国大名の家というのは、一門の長老や重臣が幅をきかせており、独裁というよりは合議制だった。しかし、独裁だったところもある。

次男・吉川元春

出所：東京大学史料編纂所所蔵模写、部分

それは、織田信長や上杉謙信や武田信玄など、いわゆる戦国の英雄とよばれる人々のところだ。逆にいえば長老や重臣のよけいな差し出口を排除したからこそ、彼らはあそこまでいけたので、ふつうの家では無理だったのである。

だから、「取締役会での社長解任」はめずらしいことではあるにしても、絶無だったわけではない。問題はそのあとだ。戦国大名の家はいまでいえば「同族会社」のようなものだから、当主が解任されても、跡を継ぐのは一族の人間のはずなのである。

なぜ、赤の他人の毛利家の次男なのか。

そんなことを、なぜ吉川家の側から要請しなければならないのか。

このときも、死者が出ている。

興経の忠実な家臣で本城を預けられていた江田因幡守《いなばのかみ》父子は、城明け渡しをいわれたとき、「こんなことが許されるのか」とばかりに切腹している。抗議の死である。

この件についても海音寺潮五郎氏は、吉川家の内紛《ないふん》を「元就が、巧みにあおり立てたのではないかという疑い」があるといっている。

そうにちがいない。自然発生的に起こった解任劇なら、元就のところへ「おたくの元春君《ぎみ》をください」などという段取りになるはずがないからだ。

以上、小早川・吉川両家で起こった「相続劇」は、元就の仕組んだM&Aであったことは間違いない。

そうであるがゆえに、第一の「相続劇」つまり元就の本家当主就任も、たんなる偶然と幸運ではなく、意図的なＭ＆Ａであったとみるほうが妥当《だとう》だと考えられるのである。

文字どおり「戦国時代」なのだから、相手を攻め滅ぼして領地を丸ごといただくという方法もある。

毛利は尼子氏と大内氏（のちに陶《すえ》氏）という二大勢力に挟《はさ》まれていた。このうち西にあった陶氏を厳島《いつくしま》の戦いで滅ぼした。これは正面切っての大戦《おおいくさ》であり、小が大を食うという点では、信長の桶狭間《おけはざま》の戦いに匹敵するものだ。

しかし、毛利はいざとなればそれだけの戦闘力をもつ一族でありながら、小早川・吉川両家については戦争をせず「乗っ取り」で奪っている。しかも、それは実質的な「乗っ取り」でありながら、形のうえでは「相手側からの申し入れによる吸収合併」ということになっている。

しかも、いま「吸収合併」といったが、形のうえでは「吸収」ですらない。**あくまで日本的な再建に毛利側から「役員」が派遣されたというかたちである。**

このあたりが日本型Ｍ＆Ａの源流だろう。

最初に述べたように、アメリカ型のM&Aは「弱肉強食」「正面切っての闘争」を辞さない。まさに「戦争」だ。ところが、日本は実質的には「戦争」でも、できるだけ「双方の合意」あるいは「相手側の意向」を尊重したというかたちをとるのだ。「闘争」のニュアンスをできるだけ「消す」、これが日本型M&Aというものではないだろうか。

では、なぜそうなるのかについて、最後に考察しよう。

穏やかな話し合いが好きな民族

じつは、日本型M&Aの源流は、戦国時代どころではない。古代それも神代《かみよ》の昔にさかのぼる。

すでにいまから千四百年以上前に、聖徳太子が十七条憲法で「和をもって貴《たっと》しとなす」と述べている。それは現代流にいえば「他人との協調こそ、最もたいせつな徳目《とくもく》である」ということだ。逆にいえば「喧嘩《けんか》」や「闘争」は絶対にいけないのである。

では「闘争」のかわりに何をするかといえば「話し合い」なのである。十七条憲法は高校の教科書などでは一部しか引用されていないので、これは「上意下達」つまり「上司の命令は絶対に聞け」だと思っている人が多い。

とんでもない誤りである。全文（とくに第一条と第十七条）を読んでみればわかるが、聖徳太子は「なにごとも話し合いで決めよ」といっているのだ。なぜ「話し合い」かといえば、和を保つためにはそれが最上だからだ。

なぜ、日本人がそうまで和を重んじるかに興味ある方は、拙著『逆説の日本史』（小学館）の第一巻を読んでいただきたい。

ただ一つ、最後に重大な「事実」を指摘しておきたい。

それは、**神話によれば日本という国自体、日本型M＆Aによって「乗っ取られ」た国だということである。**

戦前に歴史を習った人ならだれでも知っている有名な神話に、「国譲《くにゆず》り」という話がある。

日本は、天照大神《あまてらすおおみかみ》の子孫である天皇家が治める以前は、大国主命《おおくにぬしのみこと》が支配する国だった。

ある日突然、天照大神は自分の子孫のために、日本がほしくなる。そこで使者を派遣して大国主命に対し「国を譲る」よう要求した。

これに対して大国主命は息子たち（事代主《ことしろぬし》と建御名方《たけみなかた》）と相談のうえ、天照に国を譲ることを決めた。

つまり、戦わずして国土と人民を献上しているのである。

これも実際は天照の「乗っ取り」だろう。血と汗で築いてきた国家を「渡せ」といわれて、すんなり渡せるものではない。

しかし、神話のうえでは、あくまで「双方の合意による平和的な吸収合併」というかたちになっている。

つまり、日本人がそれを理想だと思ったからこそ、おそらく実態は違ったにもかかわらず、そういうオハナシがつくられたのだ。

日本人はとにかく「穏《おだ》やかに話し合う」ことが大好きな民族なのである。

・兄の子の病死により本家を相続した毛利元就は、その後も「M&A」によって実質的な領地を増やしていた。

・三男隆景は小早川家から「要請」を請けて小早川家の養子となり、次男元春は吉川家から「要請」を請けて吉川家の養子となった。ただし、小早川家のケースでは反対派が皆殺しとなり、吉川家のケースでは吉川家の重臣が抗議の切腹を行なっている。

・このような「話し合い」によって吸収合併が行なわれることを日本人は好む。そもそも日本という国自体が、大国主神《おおくにぬしのみこと》との「話し合い」によって天照大神《あまてらすおおみかみ》が乗っ取った国だとされているのだ。

第九章　信長は皇位を簒奪するつもりだったのか

本能寺の変の背景

織田信長は「天皇」をどうするつもりだったのか？

この件に関して、最も過激な説は、信長は天皇制を廃し、みずから日本の「皇帝」たらんとしていた、というものだろう。

この説は、あながち空想といえないものを含んでいる。その点については後述するが、ただ天正十年（一五八二年）の信長の本能寺における死は、その「野望」が朝廷勢力の反発を受けたためだという説には、少し無理があると思う。

信長は、その時点でそこまで踏みきるつもりがあったかどうか。

あのときの状況を整理してみよう。

信長は天正十年の春、宿敵武田家を滅ぼしている。

それより約十年前の元亀四年、信長は武田信玄を事実上の盟主とする、朝倉、浅井、本願寺などによって結成された「信長包囲網」によって圧迫を加えられたうえに、当の信玄が大軍を擁して攻めて来るという最大の危機を迎えていた。

しかし、この危機は信玄の急死という幸運によって救われた。そして天正三年の長篠《ながしの》での敗戦以後、武田の勢力は急落の一途をたどり、信玄の死後十年目にして、とうとう滅ぼされたというわけである。

しかし、最大の敵を滅ぼしたとはいえ、奥州には伊達、関東には北条、越後《えちご》には上杉、そして中国には毛利、四国には長宗我部《ちょうそかべ》、九州には島津と、まだまだ多くの敵が残っている。

とくに、毛利とは交戦中であったし、本能寺の変の当日（六月二日）には、信長の三男信孝《のぶたか》を総大将とした四国遠征軍（長宗我部討伐軍）が、まさに出帆することになっていた。

つまり、日本の中心部分をおさえたとはいえ、まだ天下統一は未完成であったと

現在の本能寺

写真提供：フォトライブラリー

いうことだ。とくに四国・九州地方はまったくの手つかずなのである。

信長は天皇を廃止し「皇帝」になろうとしていた。それゆえに天皇らは反発し、明智《あけち》光秀《みつひで》を動かすことによってその野望を絶った――という説に少し無理があるというのは、この点だ。

もし、この時点で、天皇制を廃止するというような「暴挙」に出れば、各地の勢力が「朝敵を討つ」という大義名分のもとに大同団結してしまう恐れがある。

四国も九州も関東以北も、そして中国の大部分ですら、信長の勢力は及んでいないのだ。この勢力が新たな「信長包囲網」をつくれば、信長はへたをすると滅亡する。滅亡しないまでも、真の天下統一が大幅に遅れることだけは間違いない。そんな大損をするような愚行を、はたして信長のような目端《めはし》のきく男がするものだろうか。

こういう点からみて、少なくとも天正十年の本能寺の変の時点で、信長に皇室廃止の意図があったとは信じられない。

しかし、信長自身にその気はなくても、周囲の人間、とくに朝廷関係者は信長にそのような意図があると「誤解」していた可能性はある。

あの時点で、信長は朝廷から与えられた官職を返上し、無官の立場にあった。実力者なのに、相応の官職につこうとしない人間ほど、無気味な存在はない。朝廷がこれを除こうと、光秀に働きかけた可能性はあると、私はみている。

天皇という切り札を使った信長

信長と朝廷の関係は、当初はきわめて友好的なものだった。織田家と朝廷との友好関係は父の信秀《のぶひで》以来のものである。

信長の父織田信秀は、戦国大名のなかではめずらしい「勤王家」だった。信秀は、尾張《おわり》半国の領主にすぎなかったのに、何度も朝廷に莫大《ばくだい》な献金をしている。これは純然たる「寄付」であって、見返りなどまったく期待できない。その無償の行為を信秀は長くつづけた。そのこともあって、尾張には当時の公家《くげ》たちが何人か訪れている。尾張国織田家は、朝廷に与《くみ》する最大の友好国だったかもしれない。

その後継者である信長が、足利将軍家の一族である足利義昭を名目上の主君と仰いで、天下統一の覇業《はぎょう》に乗り出したときも、まだ天皇家との関係は良好だった。

というのは、信長が義昭を「盟主」としたのは、将軍家への忠義のためではない、己《おのれ》の野望を遂げるためである。そのうち義昭はじゃまになる。信長の「道具」でありつづけるなら、その座は安泰だが、もし「象徴」であることを拒否し、実際の権力を握ることを欲したら、義昭と信長は決定的な対立を迎えることになる。

そして、実際にそうなった。

義昭は信長を「逆臣」と決めつけ、打倒信長の狼煙《のろし》をあげたのだ。義昭には「権力」も「兵力」もない。あるのは将軍としての「権威」のみである。この権威を義昭は最大限に利用し、「逆臣信長を討て」という内容の手紙（御教書《みきょうじょ》）を全国の有力大名にばらまいた。これが結局、前述した信長包囲網につながるのである。

ところが、ここで織田家が長い間温存していた「切り札」が活《い》かされるときが来た。

天皇の存在である。

当時、多くの人々は忘れていたが、そもそも将軍職も天皇から与えられるもので、天皇以外の権威にその任命は不可能である。

ということは、将軍も天皇の家来であることになり、天皇に忠義を尽くしさえすれば、将軍は捨ててもいいということになる。

信長はこれを実行した。「異見十七ヵ条」という義昭への詰問状《きつもん》で、天皇への忠誠の欠如《けつじょ》を非難し、ついに義昭を追い落とし室町将軍を廃することに成功したのである。

ここまではよかった。

問題はこの先だ。

信長の戦略は、結果的に天皇の権威を高めてしまうことになった。「将軍は天皇に忠誠心がない。だから逆臣であり追放してよし」ということになれば、「天皇に逆らう人間はいっさい許されない」ということになってしまう。当然、信長もそのなかに入る。「自分だけは例外だ」というほどの権威は信長にはない。

そもそも戦国という乱世に入って、将軍家の権威が失墜《しっつい》するのに反比例して、天皇家の権威は上がった。大名同士が和議を結んだり同盟を結んだりするためには、大名を超える権威に「保証人」となってもらうほうがありがたいからだ。天皇家の権威は、将軍家の没落に従い、逆に高められる傾向があり、皮肉なことに、それに信長が拍車《はくしゃ》をかけてしまったのだ。

さらに信長は、もう一度だめ押しのように天皇家の権威を高める行動をとらざるをえなくなってしまう。

それは、武田家滅亡後最大の強敵であった石山本願寺（一向宗《いっこう》）との戦いにおいて、天皇家に和議の仲介の労をとらせたことである。

信長にしてみれば、こんなことはしたくなかったにちがいない。天下統一とは、すべての権威を自己の支配下に置くことである。これでは完全な逆効果だ。しかし、背に腹はかえられなかったのだろう。

第一に本願寺の抵抗はきわめて頑強で、さすがの信長もこれを武力で制圧することはできなかったのである。

第二に信長は明らかに石山の地に憧《あこが》れをいだいており、かの地に「最後の城」を築こうとしていたふしがある（その野望はのちに豊臣秀吉によって実現される。大坂城がそれである）。そのために、石山の地を無傷でできるだけ早く手に入れたかったのだ。だから、天皇の仲介による講和というかたちで、石山本願寺を無血開城させ法主《ほっす》を退去させたのである。

これ以後、信長は、正親町《おおぎまち》天皇を退位させ、みずからの意のままになる誠仁《さねひと》親王を皇位につかせようと画策したふしがある。

これまで、信長の天皇家に対する「忠義の表われ」とされていた「馬揃《うまぞろ》え」も、じつは天皇への示威《じい》行為であり、信長の意のままにならない正親町天皇への「脅《おど》し」であるという見解が有力になってきた。

しかし、信長対正親町天皇の対立抗争は、結局、信長の死によって「ドローゲーム」となった。ここで本能寺における光秀の行動に、正親町天皇のなんらかの意志が働いていると解釈すれば、天皇の「判定勝ち」ともいえる。しかし、このことについては残念ながら証拠はない。

正親町天皇　御寺泉涌寺蔵、部分

推理point

織田信長が天皇の権威を借りて足利義昭追放を正当化したこと、天皇家を通じて石山本願寺と和議を結んだことで、天皇の権威はさらに高まった。その後、信長は正親町天皇を退位させようとした可能性がある。

天皇の島流し

本能寺の変の時点においては、信長は、かつての藤原氏のように、自分の意のままに動かない天皇を退位させようという意志はあった。

しかし、天皇制そのものを廃止する意図がなかったことは明白である。

だが、それは信長の天下統一が完成していなかったからだということは、すでに述べたとおりである。

では、本能寺の変が起こらず、信長がライバルをすべて滅ぼし、天下を統一したら、天皇家をどのように扱ったか?

これはまさに仮定の問題だから、絶対的な答えではないが、ヒントにはなる事実はある。

それは、信長の後継者秀吉の壮大なるプランである。秀吉は企画を実行する能力には長じているが、独創性はあまりない。とくに政治に関することは、おおかたが信長のまねである。

先にも述べたが、大坂城建設も、史料はないが信長の企画を盗んだものだと私は考えている。というのは、秀吉が思いもかけずに天下人となってから、大坂城建設着手までの時間があまりに短期間だからだ。これは信長時代に水面下で進行していたのではないかと考えられる。

そして、もう一つがこれだ。

秀吉は朝鮮出兵で漢城（ソウル）を陥落させたあと、二十五ヵ条からなる対明《みん》（中国）占領計画を発表した。

これによると、秀吉は甥《おい》の関白秀次《ひでつぐ》を明《みん》国の関白に据《す》え、天皇を北京《ペキン》に遷《うつ》すことにしている。

壮大というよりは、空論といったほうがいいのかもしれないが、とにかく**天皇を外国に遷す**という発想が、ここに見られるのである。

秀吉はいったいどうして、そんなことを考えたのか。これはまったくの想像だが、信長の生前にこういう話が少しは出ていたのではないかと思う。

体《てい》のいい「島流し」ではあるが、これは昔から武士が意のままにならぬ天皇に対してとってきた常套《じょうとう》手段でもある。

その先に、はたして天皇制そのものを廃する意志があったかどうかはわからない。

比叡《ひえい》山を焼き討ちした信長のことだから、天皇家を一度外へ出したあと、おもむろに息の根をとめることを考えていなかったとはいいきれないのではないか。

・天正十年（一五八二年）の本能寺の変の時点で、信長に皇室廃止の意図があったとは考えられない。ただ、皇室関係者がそのように誤解していた可能性はある。朝廷が信長を除こうと、明智光秀に働きかけたということも考えられる。

・信長は足利義昭を追放するとき、天皇の権威を利用した。さらに、石山本願寺と和議を結ぶ際にも天皇家に仲介を依頼した。その結果として、天皇の権威は以前にもまして高まった。信長は正親町《おおぎまち》天皇を退位させようとしていたようだが、実行に移すまえに本能寺の変が起こった。

・秀吉が発表した対明占領計画では、天皇を北京に遷すことを構想していた。信長の生前に、このような話が出ていた可能性はある。

第十章　信長の兵はなぜ略奪を行なわなかったのか

加賀百万石の「石」とは何か？

加賀百万石の「石」という単位はどうやってつくったか。

西洋では、たとえば一メートルは、子午線《しごせん》の四千万分の一ということで決まった。つまり、キリスト教世界では、神が創《つく》った世界＝地球の大きさを基《もと》にしている。人間ではなく、神中心のやり方である。

ところが日本では、たとえば「一畳」はその人間の最低限のテリトリー（勢力圏）の範囲、また「一尋《ひろ》」は両手を広げた長さ、というように、人間中心の決め方である。じつは「石」もそれで、「斗」でいうと十斗、一斗は十升だから一石は百升、一升は十合だから「合」では千合になる。

人間は一日にどれくらいの米を食べるかというと、一食一合で一日三合食べるとすると、太陰太陽暦では一ヵ月が三十日だから、一年では3×360＝1080合になる。これは偶然ではなく、「石」はこのようにして決めた単位で、一人の人間が一年間に食べる量である。加賀百万石は、百万人を一年養えるだけの米がとれる、百万人住めるということである。

そして、一石の米がとれる土地の大きさが一反で、昔は三百六十坪。つまり、一人の人間が一日に食べる量の米がとれる広さが一坪である。

また、尺貫法の「貫」は、穴あきの一文銭が千枚分の重さで表わす。一文銭が一枚三・七五グラムだから一貫は三・七五キロになる。これに紐《ひも》を通して一貫文をつくり、これを四つ集めて一両になり、一石の米が買える。つまり、百万石は百万両でもあるのである。

戦国時代をみるのに使う計算式がある。一万石につき、二百五十人の戦闘員を出せるというもの。桶狭間《おけはざま》の戦いのとき、今川義元《よしもと》の軍勢は二万五千人いた。つまり彼は、百万石の実力があったということになる。そういうふうにみてくると、歴史が立体的に理解できる。

信長の経済力

百万石で二万五千人という数字は、じつは織田信長にだけは当てはまらない。それは、信長が農民経済の上に立っていないからである。

たとえば鉄砲。長篠《ながしの》の合戦で千梃《ちょう》の鉄砲を使ったとされているが、一梃五石とすると、千梃の鉄砲は五千石、つまり五千人を一年養える財力と同じである。それほど信長の経済力というのはすごかった。

彼の財政基盤は農業だけでなく、むしろ商業のほうが中心だったのではないか。信長は城下町をつくり、楽市《らくいち》・楽座《らくざ》の制定、関所の撤廃、道路の建設、鉱山の採掘と経営など積極的な経済政策を推し進め、経済力を蓄えた。そして、その力をもって、堺《さかい》、大津といった貿易港を押さえた。当時、硝石《しょうせき》、硫黄《いおう》、木炭粉を混ぜた鉄砲に使う黒色火薬は、すべてが輸入品だった。中国、ポルトガルから入ってくる黒色火薬を確保するために、堺などの貿易港を押さえたわけである。

この時代、戦国大名の兵は農民兵である。自国の農民を足軽として徴用する。たとえば、甲斐《かい》（山梨県）の武田信玄の軍が一万人いれば、一割が専業兵士の武士で、残りの九千人は農民である。当然、信玄は農繁期には戦争はできない。上杉謙信と五回も合戦をやって決着がつかなかったのも、二人とも名将だからということもあるが、一番の理由は、両方とも農民兵だったからである。

戦国時代の戦争は、ほとんどが農閑期にしかできない出稼《でかせ》ぎ戦争で、期間が限定されていた。農繁期になると兵を戻さねばならず、戻さないでねばっていれば、その国の最も基本的な生産である米がとれず、滅亡するしかない。

ということは、もし出稼ぎでない軍隊をつくれば、どんな軍隊にも勝てるということである。甲斐の武田軍、越後《えちご》の上杉軍も一年を通して活動はできないのだから、一年じゅう動ける軍隊をつくれば、どんなやつが出て来ても平気で、ただねばっていればいい。そのうち相手は食糧切れになるか、田畑が心配になって帰ってしまう。

一年じゅう戦える軍隊をつくるにはどうすればいいか。九千人の〝農民兼業兵士〟を〝専門兵士〟にすればいい。言葉でいうのは簡単だが、だれもできると思っていなかった。

専門兵士をつくるということは、一年間遊んでいる人間をつくるということで、それには金がかかる。その金をどこで出すかを考えたのが信長の天才性であった。

ただし、これは彼一人が考えたことではなく、父親の信秀《のぶひで》の薫陶《くんとう》があったようだ。信秀は京の公家《くげ》とコネクションをもっていたし、伊勢神宮に銭四千貫を何回も寄付している。

四千貫というと千石、つまり千人を一年養える米と同じだ。農業だけの財源ではとうてい不可能なことである。定かではないが、貿易などの商売もやっていたのであろう。

兵は無給が当たり前の時代に、兵を金で雇った信長

織田信長、豊臣秀吉の天下が終わり、徳川家康が日本を平和にするために導入した哲学が朱子学《しゅし》だった。この朱子学の一番のポイントは「士農工商」ということ。つまり、商工は卑《いや》しい、いちばん偉いのは侍《さむらい》で、次に食糧をつくる農民が偉い。

食糧じゃないけれど、物をつくる工人は次に偉い。商業をやる者は最低というのが朱子学の考え方である。これ以来日本の歴史は少しおかしくなり、商業差別がはじまった。

江戸時代は「士農工商」だから、商人をもっと活用して国家財政を豊かにしようとか、流通経済をよくしようなどという発想は全然なかった。

そのなかで家康は、商品経済をもっと活用しようと思った。朱子学の徒である松平定信《さだのぶ》にはそれが気にいらず、家康の功績はいっさい消されてしまった。鎖国をやめて開国の準備すらしていた形跡のある開明的な政治家だったが、江戸時代は全然評価されなかった。

享保《きょうほう》、寛政《かんせい》、天保《てんぽう》の三大改革にしても、いいことを行なったのではと思っている人もいるが、いまの民主主義レベルでみるととんでもないものであった。

松平定信は、寛政の改革で異学の禁をやっているが、これは朱子学以外はやってはいけないというもの。浮世絵師や歌舞伎役者、商人の流通経済も、みなつぶそうとしたのである。なぜかというと、〝商は詐《さ》なり〟、商売は人を騙《だま》すことだからなくすべきだと。流通とか経済とかいうことが全然頭のなかにないのである。

経済的なセンスからいうと、徳川時代の政治家よりも、織田信長のほうがはるかにセンスがある。商業はお金をよぶということがよくわかっていたのである。

信長のすごいところは、兵士を金で雇い、武具や鉄砲は全部支給したことである。当時の兵隊は無給で、しかも食糧から何から全部自分もちだった。必要なものは現地で略奪する。ところが、信長軍だけは他国で略奪をしない。軍隊がいちばん支持を得る方法は、略奪をしないことだそうだ。もちろん、手柄をあげれば褒美《ほうび》はあるが、これはだれでもというわけにはいかない。だから略奪を許すことになる。軍隊と略奪はつきもので、武田信玄や上杉謙信などもじつは捕らえた捕虜を売り飛ばしていたりしたのである。

しかし、そういう英雄は自国の支持は得られても、他国の支持は得られない。ところが、信長だけは略奪者ではなかった。それは一つには財力があったということと、もう一つは、彼の天下構想――いずれこの国も自分のものになるという発想から、略奪をさせなかったのである。

推理point

信長は圧倒的な経済力をもち、兵を金で雇った。兵は農民ではなくなったため、一年中戦争ができる軍隊となった。さらに信長の兵隊は略奪をしない兵隊となり、略奪することで他国からの支持を失うこともなかった。

戦国時代の英雄とは、金をもっている人間のこと

いまの国会議員の条件に「地盤、看板、カバン」というのがあるが、確固とした本拠、箔《はく》、それと金、これは天下取りでも同じである。

信長は尾張（愛知県）という地盤があった。看板というのは、足利義昭を保護して、将軍につけてやったこと。カバンは、先述したように金。それは農業生産を基準にした一万石二百五十人を超える動員能力があった。

戦国時代の英雄というのは、ひと言でいうと、金をもっている人間のことである。武田信玄には甲州金があり、上杉謙信も金山をもっていた。北条氏康《うじやす》は小田原を基盤とした経済力があった。

こういう人と敗れた人の差は、英雄的資質の差ではなく、金があったかどうかということになる。ロマンのない話ではあるが。

武田信玄は上洛の途中で死んだが、仮にあそこで信長に勝っていても、最後まで勝利をおさめたかは疑問である。

どちらかといえば、農業生産が基盤のため、戦争が終わったら兵隊を戻さなければ農業生産が半減してしまう。**信玄の地盤は、最後まで甲斐国だった。だから、どんどん伸ばしていくと補給線を断ち切られる恐れが非常に高い。**

ところが信長のほうは、農業生産を基盤にしていないので、最初の地盤は尾張だったが、すぐに美濃国（岐阜県）へ移る。そしてまたすぐ近江国（滋賀県）へ移り、さらに大坂城の建設計画を進めた。

その跡を継いだ秀吉は、のちに朝鮮出兵というばかなことをして、自分の家をつぶしてしまうが、朝鮮出兵は信長の頭のなかにもあったと思う。

ただ秀吉の頭はかなり商人に近くなってはいても、基本的にはやはり一万石二百五十人のほうで、朝鮮を全部自分のものにしようという発想だった。

ところが信長の植民地政策は、領地全部を取りにいったポルトガルやスペインと異なり、香港《ホンコン》などの要所を押さえ、そのポイントで商業の流通をやらせて稼《かせ》ぐイギリス型であった。

もし、信長が朝鮮を侵略したとしても、朝鮮にそうした貿易基地をつくることを考えたのではないか。領地にしても、信長は、土地を取るのでなくて、最終的には官僚制のように給料を金で払う、というかたちをとったと思われる。個人に領地をもたせるのでなく、その領地から上がってきた金を全部自分のところにいったん集めてから分配するということを考えたのではないか。つくづく、すさまじい経済センスをもった人物である。

江戸時代のように朱子学にまだ毒されてなく、商業は悪いものだという発想が全くなかったため、そのような構想ができたのであろう。

・戦国時代の国力をはかる計算式に、「一万石あたり、二百五十人の戦闘員が出せる」というものがある。しかし信長の兵隊はその計算式では測れない。彼が農民経済の上に立っていないからである。
・信長は圧倒的な経済力を背景に、兵士を金で雇った。兵士は農民ではなくなり、信長の兵隊は一年中戦える兵隊となった。他国で略奪をすることもなくなり、他国から支持を失うこともなかった。
・さらに、農業を基盤にしていなかったため、自らの地盤を移して徐々に京に近づけることができた。
・朱子学に縛られた江戸時代の政治家よりも、信長の方がよほど経済センスがあったといえるだろう。

第十一章　桶狭間の奇襲はなぜ成功したのか

二万五千対五千の戦い

戦争というのはタイミングがむずかしいらしい。わずかなチャンスを上手に生かす人間しか生き残れない。

戦争においてギャンブルが成功するのは、ほんのわずかの可能性しかない。とくに、歴史上の「奇跡」ともいえる戦争ではそうだ。

たとえば、あまりにも有名だが、織田信長の会心の逆転劇である桶狭間《おけはざま》（正確には田楽狭間《でんがくはざま》）の戦いをとり上げてみよう。

じつはこの合戦、信長の側に勝つ見込みはまったくなかった。敵の今川義元《よしもと》の軍勢は公称四万人（実数は二万五千人程度）なのに対し、信長はせいぜい五千人、五分の一の人数しかない。

しかも、信長の本拠清洲《きよす》城は平野の真ん中にある小城で、とても籠城《ろうじょう》戦などできるものではない。

野戦に出たところで、本来勝ちめはない。

しかし、それでも信長が城を出たのは、城を囲まれたかたちでは万に一つも勝ちめはないが、野戦ならば「ひょっとしたら」と思ったにすぎない。

だが、信長が城を出た時点でも、急襲に成功する見込みは、おそらく五パーセントもなかっただろう。

義元だってばかではない。義元本隊の周囲には、松平元康《もとやす》（のちの徳川家康）らを将とする大部隊がいくつもある。城や堀のかわりに文字どおり「人垣」があるのだ。

信長にとって、勝利の可能性はわずか一つしかない。

それは、なんらかのかたちで義元本隊が他の部隊と離れること、そして、その本隊に信長本隊が悟《さと》られることなく接近できること、である。

二万五千対五千ではなく、本隊同士の戦いにもち込もうということだ。仮に義元本隊五千としても、信長の本隊も三千ぐらいはいるから、これなら勝負になる。しかし、現代の目で見てもきわめて都合のいい、こんな条件が実現するとはだれも思ってはいなかった。

いや、ただ一人信長だけが、その可能性をみていた。確信していたのではない。ひょっとするとあるかもしれない、と頭の片隅《かたすみ》に置いていたのだ。

信長はそのために、国境近くの出城である丸根《まるね》・鷲津《わしづ》の両砦《とりで》を見殺しにした。この砦には乏しい織田勢のなかから、それぞれ数百人が守備兵に割《さ》かれていた。本来ならば、こんな兵力分散は名将のすることではない。砦など引き払って少ない兵をかき集めることこそ生産的なはずだ。しかし、信長はあえてそれをしなかった。

両砦の兵はよく戦ったが衆寡《しゅうか》敵せず全滅した。

奇襲成功

ところが、このことは義元や今川兵全体に対して、大きな心理的影響を及ぼした。

「織田兵恐るるに足らず」と思わせたのである。まして、当時の信長は「うつけ者」として近隣諸国に名がとどろいていた。

「丸根・鷲津ですら簡単に落ちた。あのうつけの信長が守る清洲城などとるに足らない」

義元はそう思ったのである。

そこで本隊は、田楽狭間で休息することになった。

じつは信長は、そこまでうまくいくとは思っていなかっただろう。休息地におびき寄せるようなことをすれば、かえって怪しまれるからだ。この作戦は敵に怪しまれたらすべてが水泡《すいほう》に帰す。

ちょっとでも用心され、物見（偵察兵《ていさつ》）でも出されたら、それで終わりなのである。

信長は義元が近くで休息に入ったことを、はじめは知らなかった。しかし、部下によって報告がなされると、ただちに出撃命令を下した。

実際、このときにしかチャンスはなかった。

この機を逃したら、義元は再び進軍を開始しただろう。進軍態勢をとっていれば、万一敵の奇襲を受けても、戦うことも逃げることもできる。

とりあえず、逃げるというのも、義元にとっては最上の戦略である。なぜなら、数でいえば義元のほうが圧倒的なのだから、奇襲さえやり過ごせば、信長に勝ちめはないことになる。

義元の側からみれば、休息の機を誤ったといえるだろう。

何もこんなときにわざわざ休息することはないのである。休息なら清洲の城を落としてからでも十分だ。そうでなくても、他の部隊と連絡をとりつつ、交替でとるという方法もある。なにしろ総人数は義元のほうが信長の五倍もあるのだから、そうしておけば信長は手も足も出なかったはずだ。

しかし、結果的に奇襲が成功したのは、幸運もさることながら、**信長が敵を油断**

させるような情報を流し、甘い餌《えさ》を与えることによって、義元に気を抜かせたことにある。

だが、それがすべてうまくいっても、「義元休息中」という状況を耳にした途端、瞬時に奇襲を決断しなければ、あの奇跡はなく日本の歴史は変わっていただろう。

決断には、強い意志が必要だが、誤った決断をしないためには、「機を見るに敏な」判断力が必要である。

そして、意外に見落とされているのが、**この判断力の中身は、たんなる頭のよさだけではなく、想像力が必要な要素だということだ。**

「ひょっとしたらこういう事態もありうる」

とつねに考えている人間こそが、瞬時に機を逃さずものごとを判断し成功に導くことができるのではないだろうか。

・桶狭間の合戦において、信長にとって勝利の可能性は一つしかなかった。それは、なんらかのかたちで義元本隊が他の部隊と離れること、そして、その本隊に信長本隊が悟《さと》られることなく接近できること、であった。
・国境近くの織田勢の出城、丸根・鷲津をなんなく全滅させた今川軍は、「織田兵恐るるに足らず」と勝利を確信した。もともと信長は「うつけ者」として知られていたこともあり、義元はすっかり油断してしまった。
・義元が田楽狭間で休息をとった千載一遇のチャンスを逃さず、信長は奇襲をかけた。その判断力の礎《いしずえ》になったのは、強い意志と、「こういうこともあるかもしれない」と考える日頃の想像力であろう。

第十二章　織田信長の「人事」の革新性とは

誤解されている戦国乱世のイメージ

戦国時代は、成り上がり者の時代であると定義できる。その象徴はいうまでもなく、貧農から関白という人臣《じんしん》最高の位にのし上がった豊臣秀吉という男である。

しかし、秀吉が成り上がり社会の最終的な勝者となったことは、後世の歴史に一つ大きな誤解を与えているようにも思う。たとえば、ひと昔前の戦国時代をテーマにした映画などには、次のようなナレーションが入ることが少なくなかった。

「天下麻《あさ》のごとく乱れる戦国時代、群雄は天下統一の志をいだき、京に入る日を夢見ていた」

まさにドラマチックな名文句だが、これをそのまま歴史上の真実と思い込んでしまうのは、どうかと思う。つまり、戦国の英雄すべてが天下を取ることを目ざしていたのかどうかということだ。秀吉がそうだったじゃないかといわれれば、たしかにそうなのだが、だからこそ誤解を招くと私はいいたいのだ。

まず、戦国時代というのは弱肉強食、実力主義の時代であって、どんな人間でも実力さえあれば出世は思いのままだったといいきれるのかどうか。じつはそうではない。なぜなら、当時、各国はいわゆる戦国大名が統治しているわけだが、この戦国大名の「家」というものは、現在の世界で類似するものを探せば、同族会社なのである。

同族会社が、その企業自体の発展よりも、その一族のものであるということを重視するのはご存じのとおりである。簡単にいえば、いかに資本金が三倍になり四倍になり、売り上げが十倍になろうとも、経営権を他の一族に取られてしまっては意味がないと考えるのが同族会社である。戦国大名も、じつは同じことなのだ。

もちろん領国を発展させたいという気持ちは、だれもがもっていただろう。隙《すき》あらば、隣の国をかすめ取り、あわよくば数ヵ国の領主になろうと夢見ていたことは間違いない。しかしながら、それもあくまで自分の家というものが発展することが前提であって、いかに領国が大発展しようと、その経営権を他の一族なり他の人間に奪われてしまっては、意味がないのである。

この意味でいえば、じつは織田信長は失敗者であるといえる。なぜならば、彼は織田家の所有する領国を数倍にふやし、事実上の天下の主となったが、その結果できた織田コンツェルンの経営権を成り上がり者の秀吉に奪われてしまったからである。

完全な実力主義を採用したのは織田家だけ

このことでお気づきだろうが、じつは戦国時代、実力本位の人材登用が行なわれたというのはほんとうは正確ではなくて、**実際にほんとうの意味での完全な実力主義をとったのは、信長の支配する織田家だけだったのである。**

たとえば、戦国の雄・朝倉氏は、その家訓『朝倉英林壁書《あさくらえいりんかべがき》』において、「わが朝倉家では、宿老を定めてはならない」と規定している。つまり、家老のようなものを世襲にしてしまったら、かならずしも実力のある人間がトップに立つとはかぎらないから、家は衰える。だから、実力主義にせよということである。

しかし実際には、信長に滅ぼされたころの朝倉家は、重役のほとんどを身内か、あるいは娘婿《むこ》のようにあとから身内に引き入れた者で固めており、実力主義の人材登用などまったくしていないのだ。逆にいえば、だからこそ滅ぼされたのだともいえる。

翻《ひるがえ》って、信長の支配する織田家をみれば、彼の最晩年において、彼は五人の宿老をそれぞれ重役に抜擢《ばってき》し、いわば軍団制ともいうべきシステムをとっているのだが、その五大軍団の長、柴田《しばた》勝家、丹羽《にわ》長秀《ながひで》、羽柴《はしば》秀吉、明智《あけち》光秀《みつひで》、滝川《たきがわ》一益《かずます》の五人のうち、譜代の、つまり父の代から仕えている家臣といえば、柴田だけなのである。

残りの四人は、ご存じのように秀吉は貧農の出身、丹羽長秀の丹羽家はもともと斯波家の家臣で、明智光秀は旅浪人、滝川一益も旅浪人で、甲賀《こうか》（滋賀県南東部）の生まれだから忍者だったという説もあるくらいだ。

つまり、それぐらい出自の怪しげな、しかも秀吉を除いては他国からの人材が、織田家の家臣としての頂点まで到達しているのである。こういう家はほかにはない。

もちろん、侍《さむらい》大将クラス、あるいは鉄砲の技術者などが他国から実力を買われて採用されることはあった。しかし、それは現代の同族会社でも、たとえば有能なセールスマンや有能なエンジニアについては、ほかから招聘《しょうへい》して来るのと同じことで、問題はよそ者である彼らを経営陣に加えるかどうかということなのである。

織田家以外は、それをけっしてしなかった。しなかったがゆえに、発展もしなかった。しかし、**織田家は逆にそれをしたがゆえに大発展したが、信長自身の子どもが成り上がり者である秀吉に経営権を奪われるということが起こってしまったのである。**同時代の人間はそれを見ていて、実力主義もほどほどにすればいいのにばかなやつだ、と信長のことを嘲笑《あざわら》ったかもしれないのである。

推理point

織田家は戦国時代で唯一完全な実力主義を登用し、他家の人間にも重要な役割を与えた。それがゆえ発展したが、経営権を織田家出身ではない秀吉に奪われてしまった。

最初から天下を目ざした唯一の野心家

そして、結局最終的な勝利者になった秀吉についてみれば、おそらく彼は本能寺の変以前は自分が天下人になるなどということは、夢にも考えていなかったはずである。これは、さまざまな状況証拠からも考えられる。

彼は信長の忠実な家臣であることをアピールするために、信長の四男於次丸《おつぎまる》を自分の養子としたり、あるいは高い官位をもらっても、みずからは貧農の出身であるということをけっして隠そうとはしなかった。

そういうことをすれば、何か野心があるのではないかと信長に疑われるからである。信長ほど家臣を疑った主君も、またためずらしい。

その信長が、結局「信じていた」明智光秀の裏切りによって殺されるわけだから、歴史というものはきわめて皮肉だが、秀吉は本能寺の変で信長が横死《おうし》を遂げた時点で、たまたま織田五大軍団の最大の部分を任されていたからこそ、天下を取ることができたのであって、いわば瓢箪《ひょうたん》から駒《こま》の天下取りなのである。

もちろん、彼も出世欲の塊であったことは間違いないから、足軽のころから少なくとも一国一城の大名にはなりたいと思っていただろう。しかし、天下人になると考えていたかどうか、これはかなり疑問なのである。

というのは、当時、まさに日本はいくつもの小国に分かれ、互いに覇権《はけん》を争っていて、それを一つにまとめるということは、よほどの誇大妄想家《こだいもうそうか》でなければ考えないことである。人間だれしもが隣国との境界争いや、あるいは日常の生活に追われるのがつねで、一足飛びに天下を取ってやろうなどということを考える者は、いなかったと思う。

いや、一人だけいた。それが織田信長である。織田信長は、今川義元を桶狭間《おけはざま》に葬った二十代の若いころから、すでに天下取りの構想をもっていた。それは、彼ののちの行動を見ればわかる。

今川氏のような大国の大名を討ち取った場合は、その領土を草刈り場として、少しでも切り取ってやろうと考えるのがふつうの戦国大名である。しかし信長は、それまで長年敵対していた松平元康（徳川家康）と同盟を結ぶことによって背後を安全にし、そして膨大《ぼうだい》な今川領の切り取りは家康に与え、自分はあくまで都を目ざした。

しかも、都を目ざすためには、何も戦争ばかりしている必要はないということで、北近江（滋賀県北部）の浅井家を妹お市《いち》の方《かた》を嫁がせることによって味方に引き入れた。

そうしておいて、まず美濃（岐阜県）を自分のものにし、そしてあくまで敵対関係を捨てなかった南近江（滋賀県南部）の六角《ろっかく》氏を滅ぼすことによって、無事に京へ入ったのである。そして、京に入った段階でも、一足飛びに天下の主になるぞということはけっして公言せず、あくまで足利義昭の保護者として、いわば将軍の後援者として振る舞うことで、まず都での地位を固めたのである。

信長はいかにして身分の壁を崩したのか

信長は秀吉と違って、大名の子どもである。大名といっても、いわゆる当時でいう出来星《できぼし》大名、つまり成り上がり大名であって、今川や北条のような名門とは格が違う。それにしても大名なのである。しかし、その大名である彼ですら、いきなり天下取りなどということはけっして口にしない。もしそんなことをすれば、身分も考えないとんでもない僭上者《せんじょうもの》という非難を浴びて、あっという間に四方八方からたたきつぶされてしまう。

これはいまとなってはわかりにくいかもしれないが、当時は身分の差というものが厳然としてあり、天下の主あるいは将軍になるためには、しかるべき身分の出身者でなければだめだという概念が広くあった。だからこそ、信長はあれほど苦心したのである。

そして、じつはこの点、武田信玄でも北条氏康《うじやす》でも毛利元就《もうりもとなり》でも同じことなのだ。彼らがいきなり天下を取るなどといったら、いかに大大名であっても、それはきわめてむずかしいことであっただろう。

今川家は足利将軍家につながる名門であるが、その当主の義元でさえ、将軍家を差し置いて自分が将軍になるといい出したならば、大きな反発を受けることになっただろう。ましてや貧農の子である秀吉が、そんなことをいい出せる雰囲気ではなかったはずだ。それを信長は打ち破ったのである。

信長が、どうやってその身分の壁を崩したかといえば、これはまたじつに皮肉な

ことに、天皇というものを利用することによってであった。つまり、彼は室町時代以来権威が衰えていた天皇家を盛り立てることによって、天皇の前では将軍だろうが大名だろうがたいして違いはないという共通認識をつくろうとしたのである。

将軍が精神的権威の象徴、つまり天皇的地位にある場合は、それに取って代わることは信長でもむずかしい。しかし、天皇という、それをも凌駕《りょうが》するような強大な権威を復活させれば、その腹心ということで自動的に自分の身分も上げられるし、権威も獲得することができる。

つまり簡単にいえば、「天皇が日本でいちばん偉い。そして、その天皇に私がいちばん信頼されているのだから、おまえたちは私の命令を聞け」という論理である。

お気づきだろうが、じつは信長はこの戦略を完全にやり遂げたわけではない。これを完成したのは秀吉である。秀吉はなぜ関白になったのか。それは結局、彼には血統というものがなく、それを、たとえばライバルである徳川家康のように、偽造することができなかったためである。なぜならば、彼は信長の家来であり、「先祖は源氏である」とか「私は天皇の落とし子である」などというと信長に「野心があるのか」と疑われる恐れがあるのだ。

ところが、家康は独立した大名であり、信長とは対等の同盟者であるから、そういうことをいえる立場にあった。いうまでもなく、徳川氏が源氏であるというのは、かなり眉唾物《まゆつばもの》の話なのだが、家康はかなり早い時期から系図を準備していたのである。

つまり、信長がそれまでだれもできないと思っていた身分の壁を次々に突破していったので、秀吉や家康やあるいは伊達政宗《だてまさむね》あたりも、自分が天下を取れると思うようになり、さらに抗争をはじめたのだ。それをわれわれは結果から見るから、すべての戦国大名はもともと天下を目ざしていた、というふうに思いがちなのである。

推理point

信長は天皇の権威を笠に着ることで身分の壁を崩し、天下の実力者となった。その戦略を完成させたのは秀吉で、家康は血統を偽造した。

秀吉が起こした成り上がり〝バブル〟

天才が天才であるゆえんには、その天才がやったことは、それ以降当たり前になるというのがある。当たり前になるがゆえに、わからないということがある。この意味で、信長というのは、やはり破天荒《はてんこう》な常識破りの人間であり、その常識破りをかたちとして完全に完成させたのが秀吉であるということがいえよう。秀吉は天皇家を持ち上げ、そして持ち上げることによって、その天皇の最高の家臣である関白として、自分の命令は絶対に聞かねばならないというかたちで天下を掌握《しょうあく》した。

ところが世の中おもしろいもので、**この秀吉の成功は、すべての人間に対して出世欲を燃え上がらせる結果となったのである。**というのは、貧農でも関白になれるのならばおれにもなれるということが、原理として成立したからである。現に秀吉という、その体現者がいる。

そして、かつて秀吉と同僚であった人間、あるいは上司であった人間などは、秀吉の家来にはなったものの、心中それがいまいましくてしようがない。信長の娘婿であった蒲生氏郷《がもううじさと》が、関白になった秀吉のことを、陰では猿とよんでいたということも記録にあるし、こういう落首《らくしゅ》も残っている。

　末世《まっせ》とは別にはあらじ木の下の
　　猿関白を見るにつけても

　もちろん木の下というのは、豊臣秀吉の旧姓である木下をかけている。当時の野心ある人間は、秀吉のことを心の底ではばかにしていた。しかし、それとは矛盾《むじゅん》するようだが、それは憧《あこが》れの対象ではないということではないのだ。むしろ、内心では軽蔑しているからこそ、「あんなやつより、おれのほうが関白にふさわしい」ということにもなりかねないのである。

　この膨大な人間のエネルギー、上昇志向とでもいおうか、これが結局、最終的なかたちで爆発したのが、いわゆる朝鮮出兵であった。

　朝鮮出兵は結果として大失敗であり、その終末期にはさまざまな厭戦《えんせん》的気分を伝えるエピソードがあるが、最初からそうだったわけではない。加藤清正などは、明《みん》

（中国）に何十ヵ国も拝領するのだと、はしゃいでいたくらいである。

狭い日本では、もう人に分け与える領地がないが、出世志向、上昇志向は日本国じゅうに充満している。簡単にいえば、成り上がりバブルである。そして、なんの計画もなく大陸に侵攻して行って、明軍という強大な壁に遭って敗れ去った。これは、いわゆる昭和二十年の敗戦と同じで、軍事バブルの崩壊という結果につながったのである。

家康がつくりあげた平和的な組織の末路

朝鮮出兵後、昭和二十年の敗戦直後と同じで、日本じゅうにもう戦争はいやだ、これからは平和でいきたいという気分が充満した。そこに現われたのが徳川家康である。徳川家康は結局、軍事バブルが弾《はじ》けた平和志向の社会をリードし、そして最終的に実力主義をやめ、徳川氏が勝った時点での身分秩序を固定することによって、戦国時代を終結させたのである。

これは、さんざん戦争をしていた人間が、喧嘩《けんか》に勝ったとたん、これからは喧嘩をやめようといい出したようなもので、たしかに不公平に見えるかもしれない。また、彼が身分を固定し、将軍の子は将軍、家老の子は家老、足軽の子は足軽にしかなれないような社会の仕組みにつくり替えたのは、とんでもない逆コースのように見えるかもしれない。

しかし、**近代以前の社会で、ものごとをなにごとも戦争において解決しようという時代においては、これが平和を確立するためのベストの方法であったことも事実である。**

というのは、もし実力主義をそのままつづけようということになったら、家康の子が天下人にふさわしくなければ、ちょうど秀吉が信長の子を押しのけて天下を奪ったように、その天下を奪ってもいいということになる。そうなれば、また戦争である。

そういうことが絶対に起こらないように、家康はたとえば「武家諸法度《しょはっと》」、あるいは「公家《くげ》諸法度」にあるような、さまざまな大名統制策、具体的には江戸に大名の人質を住まわせるとか参勤交代といった施策を実行したわけだが、これに対し「陰険」だとか「いかにも狸親父《たぬきおやじ》らしいやり方」といった一面的評価をしてはけっしてならないのである。

ただ、実力主義ではない人材登用というのは、やはりその組織をだめにする。徳川幕府というのが二百六十余年間保たれたのは、その間、たとえば八代将軍吉宗《よしむね》のような名君が現われて、それまでまったくの世襲職にすぎなかった、さまざまな重い役職を実力主義で抜擢《ばってき》するなど、さまざまな改革をしたからだが、それでも最終的には、実力で人を抜擢しないという人事の垢《あか》が膿《うみ》のようにたまり、それだけが理由ではないが、結局組織が衰えて滅びることになった。

そして、明治以降、また出身や階級にとらわれない実力主義による出世の時代がはじまるのである。

いや、それはすでに幕末からはじまっていた。ちなみに、幕末維新の英傑《えいけつ》の一人で、のちに総理大臣にまでなった伊藤博文《ひろぶみ》は、若いころ日課の終わりに太閤《たいこう》秀吉の絵を描いて、それを眺めていたという。つまり、「おれは足軽だが（実際に身分としては足軽だった）、やがて太閤になるのだ」ということであり、彼はそれを実現したのである。

第十二章 推理file

・戦国大名には「天下に覇を唱える」ことよりももっと重要な目標があった。それは「家」の存続である。他家の優秀な人間に権力を奪われるのを避けるため、本当に実力主義的な人材の登用を行なった大名家はほとんどなかった。唯一実力主義を採用をしたのが、織田信長であった。

・ただ、実力主義を採用したために、織田家の権力を他家の人間である豊臣秀吉に奪われることになった。

・織田信長は「天下を取る」ことを目ざした唯一の大名であった。そして身分の壁を崩すために、天皇の権威を利用した。その戦略を完成させたのが豊臣秀吉であった。

・秀吉が天下人になったことで、日本人の「出世欲」に火が付いた。その熱に浮かされるようにして行なわれたのが朝鮮出兵であった。

・家康は実力主義を排し身分を固定させた。そうすることで、再び戦乱の世が到来することを防いだのである。

第十三章　徳川家を支えた忠臣酒井忠次の判断力

幼いころの家康を知っている家老、酒井忠次

酒井忠次という人は、家康よりも十五歳年長で、家康の父広忠《ひろただ》の妹、つまり叔母の婿《むこ》という立場にあった。

家康は、小さいときから両親がいなかった。生みの母の於大《おだい》の方《かた》は、家康を産んだ二年後には離別されていたし、さらに五年後には広忠も家臣に殺されてしまっていた。

家康には頼れる人物がいなかったことになる。だからこそ叔父の忠次は、家康にとっては、頼りになる兄のような面があった。

家康の鷹狩り姿の銅像　駿府城本丸跡に建つ

写真提供：フォトライブラリー

酒井忠次　先求院蔵

ということは、幼いころの家康、洟垂《はなた》れ小僧のころの家康を忠次は知っているわけで、青年になるにしたがって、家康は、忠次をなんとなく煙たいなと思うようになった。

それでも家康は、ずっと忠次を放さなかった。父親のいない家康にとって、忠次は、優秀なアドバイザーとして、家老として貴重な存在だったからである。

守りの武将、忠次の選択

徳川家（当時は松平家）に転機が訪れたのは桶狭間の戦いの直後のことだった。今川義元が桶狭間で織田信長に敗れたとき、徳川家がとるべき道は二つあった。
（一）今川の将の立場をつづける
（二）織田家に乗り換える
そこへ織田家のほうから、「今川から乗り換えないか」という申し入れがあった。

このとき、（二）を選択したことが、結果的には、家康を天下取りにしたのである。

この選択に際して、どうやら忠次は、「織田家につくべし」というようなことをいっていたらしい。

これはなかなかできないことで、ふつうの老臣だったら、「これまでのやり方は変えないでいきましょう」というに決まっている。

なぜなら家康自身、今川家とは、切っても切れない関係にあったからである。最初の妻の築山殿《つきやまどの》は、今川家から押しつけられた女性だったわけだし、徳川家は、ずっと長い間、今川家に服属する立場をとっていたため、家臣のクラスでも今川家とのかかわりが深かった。

幼少時の家康自身がそうであったように子を人質にとられている人もけっこういた。だから、このままでいいじゃないかというふうに考えるのがふつうなのだ。

その今川家から離れるということは、相当な軋轢《あつれき》が生じる。

にもかかわらず、忠次が「織田家につくべし」といったのには理由があった。「もう今川家はだめだ。これからは織田家だ」ということは見えていたわけで、その見通しはなかなかすぐれたものがある。

逆にいえば、もし、そのとき、忠次が老臣の筆頭として、「絶対に今川家から離れるべきではない」といっていたら、織田家と結ぶということはなかった。

これを会社組織に譬《たと》えると、先代からの専務であり、叔母を嫁にしている忠次取締役が、二代目社長の家康に、きちんとアドバイスをして決断を促《うなが》したことになる。

その後、家康は今川家の領土である遠江《とおとうみ》（静岡県）を奪取して浜松に本拠を移した。

では、それまでの三河《みかわ》（愛知県）はだれが守るのかというと、やはり、これは忠次しかいない。新しく進出したところは二代目の新社長ががんばって、いままでのところは専務に任せる。こういうことができたのも忠次が優秀な人材だったからである。

のちに武田信玄が攻めて来たときも、忠次は籠城《ろうじょう》司令官として、吉田城を守っていたが、かなりうまく抵抗していて、武将としても優秀だったことは証明されている。

酒井忠次という武将は「守りの武将」である。

たとえば井伊直政《いいなおまさ》のように先鋒《せんぽう》として使うというよりは、がっちり城を守らせるタイプで、どちらかというと勇猛な戦線の部隊長ではなくて参謀タイプだろう。

推理point

家老酒井忠次が、「今川家を見限り、織田家と手を結びましょう」という助言を行なわなかったら、織田家と松平家の同盟はなかったかもしれない。

鳶ケ巣山の奇襲

酒井忠次が参謀としていちばん活躍したのは、長篠《ながしの》の戦いのときである。あの合戦において、いちばん問題だったのは、どうやって武田勝頼《かつより》にしかけさせるかだった。

軍議の席上でのこと、信長が忠次にアイデアを問うたとき忠次は、「鳶《とび》ケ巣《す》山を奇襲したらどうでしょう」と提案した。つまり相手の前哨《ぜんしょう》基地を奇襲すると、向こうはカッときて、こっちに出て来るんじゃないかというわけである。

信長は、「忠次が得意とする小競《こぜ》り合いならともかく、相手が勝頼では通用すまい」と一度叱《しか》りつけて退出させたあとで、もう一度よび寄せ、「じつは、おまえのアイデアはよいと思っていたが、ほかの者の手前もあるのでな……」というふうな言い方で採用する。

信長は「さすがは徳川の片腕だ」と評価するわけだが、よほど戦略眼がないと生まれてこない話である。片腕というより、実質的に家康の代理を果たしていたわけだ。

もともと酒井家と松平家というのは親戚である。松平の庶流が酒井家だから、ずっとたどっていくと、松平氏の祖、松平親氏《ちかうじ》に行き当たる。ここが、ほかの徳川四天王と違うところで、おそらくは一族の長老的な雰囲気《ふんいき》が漂っていたにちがいない。

その二人の間に変化をもたらしたのは、嫡男信康《ちゃくなんのぶやす》の事件だった。

信康謀殺を阻止せず

信康の事件に関していえば、彼は謀反《むほん》をする気はなく、どちらかというと築山殿《つきやまどの》の問題だった。

築山殿というのは、今川家の肝煎《きもい》りでやって来た気位の高い女性だった。家康より年上で、「嫁に来てやった」と思っていたぐらいだ。だから、松平元康《もとやす》だった家康が、徳川家康と名を変えたのが気にいらなかった。

元康の「元」という字は、義元の「元」だからいらないといって、家康は今川家から離れていく。築山殿は、それで不愉快な思いをしていた。おまけに、自分が産んだ息子信康のところに憎《にっく》き織田家から徳姫《とくひめ》が嫁に来て、不満に思っているところに、たぶん武田から調略の手がかかった。

それに対して彼女は、承諾した。

この問題について信長は、信康も巻き込もうとした。

ただ信長も、信康までは関係ないとわかったはずだが、この際、「家康の忠誠心を試してやろう」と思った。場合によれば、信康を殺すこともやむをえないと思ったのだろう。

信長は、徳川家から忠次をよびつけると、織田家から嫁《とつ》いだ娘の徳姫から届けられた十二ヵ条について質問した。

忠次は、その十二に及ぶ疑いに対して、いちいち「もっともだ」といい、そのうち十ヵ条について反論をしなかった。

つまり、信康が有罪であるということを証言したかたちになった。

この結果、「それでは、信康は殺せ」ということになってしまった。

家康にしてみれば、「なんで信康のことを弁護してくれないんだ」というふうに思ったにちがいない。

このへんをみると、**酒井忠次という人物は、家康の忠実な家来ではあるが、同時に徳川家全体を見ている。家康個人の感情よりも、徳川家の安泰のほうがたいせつなわけだが、家康にしてみればおもしろかろうはずがない。**

築山殿　西来院蔵、部分

また、あれだけのことをやるということは、忠次と信康の間もよくなかったことは考えられるが、証拠となる具体例は何も残っていない。

もっとも、若殿と当代の老臣というのは、あまり仲がよくないケースが多い。武田勝頼などは典型的にそうである。だいたい父親が死んで子どもが跡を継ぐと、前のスタッフは替えてしまうのがふつうだ。自分の子飼いのスタッフにするわけである。若殿時代からのお付きの人などがいるから、その人たちを取り立てることになる。ごそっと替えるわけだ。

ところが勝頼というのは、仮の跡継ぎということにされてしまった。あくまで勝頼は陣代《じんだい》で、跡目は信勝であるといわれたものだから、勝頼は前のスタッフを引き継がざるをえなかった。山県昌景《やまがたまさかげ》、内藤昌豊《ないとうまさとよ》、馬場信房《ばばのぶふさ》といった前代の優秀な信玄の家来を継がなければならなくなった。かなりの軋轢《あつれき》があったと思われるが、信康の場合にも同じようなことがあったのではないか。

ずっとあとになって、その家康に、忠次が息子の所領が少ないと文句をいうと、「おまえも子が可愛《かわい》いか」と家康はいい、忠次は満身冷汗をかいたという話がある。信康のことを思い出させたわけだが、もし忠次のほうに、信康の一件で家康を貶《おとし》めてやろうという意図があったと家康が思っていたとしたら、天下を取った時点で、忠次をもっと苛酷《かこく》な処分にしているはずである。だが、それをしてないということは、家康は断腸の思いではあるけれども、忠次のしたことをどこかで認めていたとしか考えられなくなる。だから、あとになって「おまえも子が可愛いか」と個人的な恨《うら》み言《ごと》はいったけれども、公式に罰したりはしていないのである。

これは家康の性格も関係してくることだが、有名な話がある。

高天神《たかてんじん》城を攻め落としたとき、捕虜のなかに孕石主水《はらみいしもんど》という男がいた。家康は、この男には今川家の人質時代にずいぶん苛《いじ》められたことがあるので、昔のことを詰《なじ》ったうえで切腹させた。一方、同じく人質時代に何くれとなく世話をしてくれた人物については、褒美《ほうび》をとらせたという。

この逸話を見ても、家康は、悪くいえば執念《しゅうねん》深い人で、よくいえば恩愛を忘れない人だということがわかる。だから、忠次のやったことに一片でも私怨《しえん》を晴らすようなことが含まれていたと感じたならば、忠次を簡単には許さなかったはずだ。

推理point

忠次は家康の個人的感情より徳川家全体の行く末を優先させて、家康の子信康をいわば見殺しにした。家康はのちのち忠次に恨み言のような皮肉を言ったが、どこかで忠次の判断を認めていたのはたしかだ。

謀略のできない戦略家

やはり、信康事件のあとは感情的におもしろくなかったのかどうかはわからないが、家康は、同じ四天王でも、井伊直政《いいなおまさ》などを重用するようになった。忠次に関していえば、降格はしないが、積極的に使うこともしなかった。

これは、徳川家の発展とともに、スタッフがどんどんふえていったということもあるかもしれない。

その典型が本多正信《ほんだまさのぶ》である。本多正信という人は、参謀としては超一流なわけで、正信がいれば、もう忠次にはあまり用がない。忠次は、いわゆる参謀として戦略的な目はもっている人だけど、謀略までできる人ではない。

だから忠次は、いままでの地位にとどめ、これまでと同じ三河の守りにつかせていた。

最終的には、何万石かもらうわけだが、忠次はこのときに「息子の禄《ろく》が少ない」と不平を漏らした。

だが、三河の譜代《ふだい》の臣は家禄が非常に少ないのがふつうで、井伊直政も、榊原《さかきばら》康政《やすまさ》もたいしたことはない。忠次だけを冷遇してはいないのである。

では、井伊直政や本多正信らの台頭《たいとう》で忠次はどうなったかというと、あまり表に出ることはなくなった。

徳川家の経営規模がどんどん大きくなっていくと、新しい家臣でないと対応できなくなっている部分がある。だから酒井忠次の場合は、松平家が三河の田舎《いなか》大名だったころは非常によかったが、だんだん経営規模が大きくなるにしたがって、年齢のせいもあるが、必要とされなくなっていったのである。

あの戦国時代にあって、一つの家に忠実に仕えて人生を全《まっと》うしたということでは、なかなかすぐれた人物だった。

今川と織田のどちらに付くかというときの決断、信康事件のときの決断、鳶ケ巣山奇襲の決断。

記録にもこれだけ残っている忠次が、だんだん実力をつけてくるにしたがって、煙たいという感情はあったにしても、追放したり処分したりしなかったのは、家康の偉いところ、我慢強いところである。

・今川を見限って織田と手を結びましょうと進言した判断、徳川家全体のためにあえて家康の子信康を擁護しなかったこと、対武田勝頼の戦略として鳶ケ巣山奇襲を提案したこと。酒井忠次の見事な判断力が徳川家を支えた。

・家康の幼い頃を知っていることや、信康の一件から、家康からは多少煙たがられていたかもしれない。しかし結局最後まで家康は忠次を手離さず、忠次も徳川家への忠誠を貫いた。

第十四章　関ケ原・東軍勝利をもたらした黒田長政の働きとは

家康を最も喜ばせた男

関ヶ原の戦いの直後、東軍諸将の引見を行なっていた徳川家康のもとへ真っ先に駆けつけたのは黒田長政《ながまさ》だった。家康はみずから長政の手を取り、

「このたびの合戦の勝利は、ひとえに貴殿のおかげでござる。末代まで忘れはせぬぞ」

と慰労の言葉をかけ、吉光作の佩刀《はいとう》を腰からはずし、これを与えた。

さらに数日後には、次のような感状を贈っている。

「今度、ご計略をもって、誰彼《だれかれ》あまた味方に属せられ、賊徒ことごとく一戦に突き

崩され、敗北のこと、ひとえにご粉骨、お手柄ともに比類なく候。今天下平均の儀、まことにご忠節故と存じ候。ご領国の儀はお望みにまかすべく候。この儀子孫に至って忘却あるべからず候。ご子孫に永く永く疎略の儀これあるまじく候」

後世「狸親父《たぬきおやじ》」と称され、けちで有名だった家康が、所領については望みのまま、そしてこの恩を忘れずに、子孫代々まで尊重しようというのだから、長政の働きぶりがよほどうれしかったのだろう。

黒田家は近江源氏佐々木氏の流れを汲《く》む一族で、長政の祖父職隆《もとたか》の時代に播州《ばんしゅう》（兵庫県）は御着《ごちゃく》の城主小寺家の家老となり、姫路城の城代となった。そして官兵衛《かんべえ》（如水《じょすい》・孝高《よしたか》）の代になって、当主の小寺姓から、出身地とされる北近江（滋賀県北部）の木之本《きのもと》近くの黒田郷にちなみ、黒田姓に改めたという。

天正元年（一五七三）秋（一説には天正三年七月）、織田信長の武威の盛んなさまを聞き、天下を取るのは信長だと見極めた官兵衛は、主君小寺政職《まさもと》を信長に属させようと、岐阜城ではじめて信長に拝謁《はいえつ》したといわれている。

そして、みずから中国の毛利攻めの総大将になることを申し出て許された秀吉が、播州に乗り込んで来た天正五年、官兵衛は政職の了解を得て、姫路城を秀吉の本営として提供した。その際、同盟の証《あかし》として、秀吉は政職の嫡子《ちゃくし》を人質に出すように命じたが、官兵衛は当時十歳だったみずからの嫡子松寿丸《しょうじゅまる》（のちの長政）を長浜城に差し出した。

翌天正六年冬、有岡《ありおか》城城主の荒木村重《むらしげ》が突然信長に反旗を翻《ひるがえ》し、城に立て籠もった。信長はみずから出陣して、滝川一益《たきがわかずます》、丹羽長秀《にわながひで》、池田恒興《つねおき》ら諸将に命じて有岡城を包囲させる。

このとき官兵衛は、村重と懇意だったため説得に赴くが、失敗し、逆に城内に幽閉されてしまう。

官兵衛が裏切ったと思った信長は、長浜城の留守居役を務めていた竹中半兵衛《はんべえ》に対し、すぐに人質の長政を殺すように命じた。しかし半兵衛は官兵衛の父、職隆が荒木の不義を憎んで、信長に忠誠を誓っていることを知っていたため、信長に対しては、

「仰せのとおり、殺します」

と答え、自分の領地に匿《かくま》ったのである。

一年後、滝川一益の手によって有岡城が落ち、一年間獄舎につながれていた官兵

衛が無事救出された話は有名である。

関ケ原の戦いの前哨戦

さて関ヶ原の戦いは、慶長三年（一五九八）八月十八日、豊臣秀吉が六十二歳で死去したときからその前哨《ぜんしよう》戦がはじまったといわれる。しかし「関ヶ原」が、徳川家康という非凡《ひぼん》な為政者による、およそ三百年もの長きにわたって存続した江戸幕藩体制の礎《いしずえ》を築き上げるための第一歩であったとするならば、その芽は、じつは戦国時代の源となった応仁《おうにん》の乱、もっといえばすでにその設立当初から基盤が脆《ぜい》弱《じやく》だった足利幕府の成立時に、すでに芽生えていたのではないだろうか。

戦国時代突入までは、武家政権とは、平氏、源氏、北条氏、足利氏というように、武家の棟梁《とうりよう》たる平氏と源氏が交互に政権を担当するという歴史を歩んできた。

ところが、戦国時代に突入し、信長が天下布武《ふぶ》を唱えるにいたり、完全にこの原則が崩れ去った。そして信長は新たに、実力のある者がその実力をもって天下を統一するという原則を打ち立てた。

それを受け継いだのが秀吉であり、家康もまたこの原則にのっとって天下を取ろうとした。そして家康が、実力で天下を掌中《しょうちゅう》におさめるための、いわば手続きが関ヶ原だったのである。

秀吉も、もちろん、この「実力主義」の原則がいまだ生きつづけていることがわかっていたから、それを恐れ、なんとか秩序を固める方向にもっていこうとした。五大老・五奉行制などを定め、有力大名と数かぎりない誓書を交わしたりしながら、豊臣家の天下、わが子秀頼《ひでより》の将来を安定させようと心を砕いたが、その志半ばにして病に倒れたのである。

秀吉が死去したとき、おそらくほとんどの大名たちは、天下は次にどこに転がっていくのか、その行く末をしっかりと見極めなければ、と思ったにちがいない。

後年、たとえば江戸時代の学者は、明智光秀の謀反《むほん》を武士の道に悖《もと》るものと非難したが、家臣が主君に対し、絶対的な忠誠を誓うという価値観は、江戸時代に幕府によって導入され、確立された朱子《しゅし》学のそれである。それ以前は、力のある者が力のない者の上に立ち、油断してやられてしまうのは、油断したほうが悪いという価値観が一般的だった。

次はすんなり秀頼か、あるいは二百四十二万石を有し実力実績ともナンバー1の家康か、はたまた第三の勢力が台頭してくるのか、各大名たちが固唾《かたず》をのんで見守っていた。

揺れ動く福島正則の心

秀吉が死んだあくる年の慶長四年（一五九九）正月十日、その遺言に従って秀頼は伏見城から大坂城に移った。五大老のうち前田利家《としいえ》は後見として大坂城に居住し、伏見城は五奉行が交代で番を務めることになった。そうした状況下で、家康は天下取りの第一歩として、多数派工作を開始した。秀吉の遺言に背《そむ》いて、自分の養女を嫁がせることで、福島正則《まさのり》、蜂須賀至鎮《はちすかよししげ》、伊達政宗《だてまさむね》、加藤清正らと結ぼうとしたのである。それを五奉行、四大老らによって咎《とが》められると、即座に彼らに誓書を差し出して和解した。

こうした動きのなかで、家康の天下取りへの野心を着実に見抜いていた男がいた。五奉行の一人、石田三成《みつなり》である。ほかの多くの大名たちが、天下は実力のある者の持ち回りと考え、自分の家の生き残りを賭《か》け、いかに強い者の下に付くか、苦心を重ねているなかで、三成は天下は豊臣家の世襲制であるべきとの信念をもっていた。

もちろん加藤清正、福島正則、細川忠興《ただおき》ら豊臣恩顧の武将派とよばれる大名たちの多くも、その思いは同じだったにちがいない。しかし、秀吉に命がけで尽くし、危険な戦功をもって一国一城の大名に取り立てられた武将派の面々たちは、ろくろく危険な死地に赴くことなく、官僚としての能力で出世してきた三成や小西行長《ゆきなが》たち奉行派に対し、根強い不信感をいだいていた。

彼らの三成への反感は、しだいに「秀頼様のためにも、奸賊《かんぞく》三成を討つべし」という決意へと変化していく。そして家康は、この豊臣恩顧の武将たちの対立の調停役を買って出て、みずからの勢力を着実に拡大していったのである。

この豊臣恩顧の大名たちを自分の傘下《さんか》におさめることができるかどうかが、じつは家康にとっては、自分の立場を正当化できるかどうかの正念場だった。彼らが三成方ではなく自分の味方につけば、自分は豊臣家安泰のために働いているのだという立場を喧伝《けんでん》することができる。

黒田長政　福岡市博物館蔵、部分

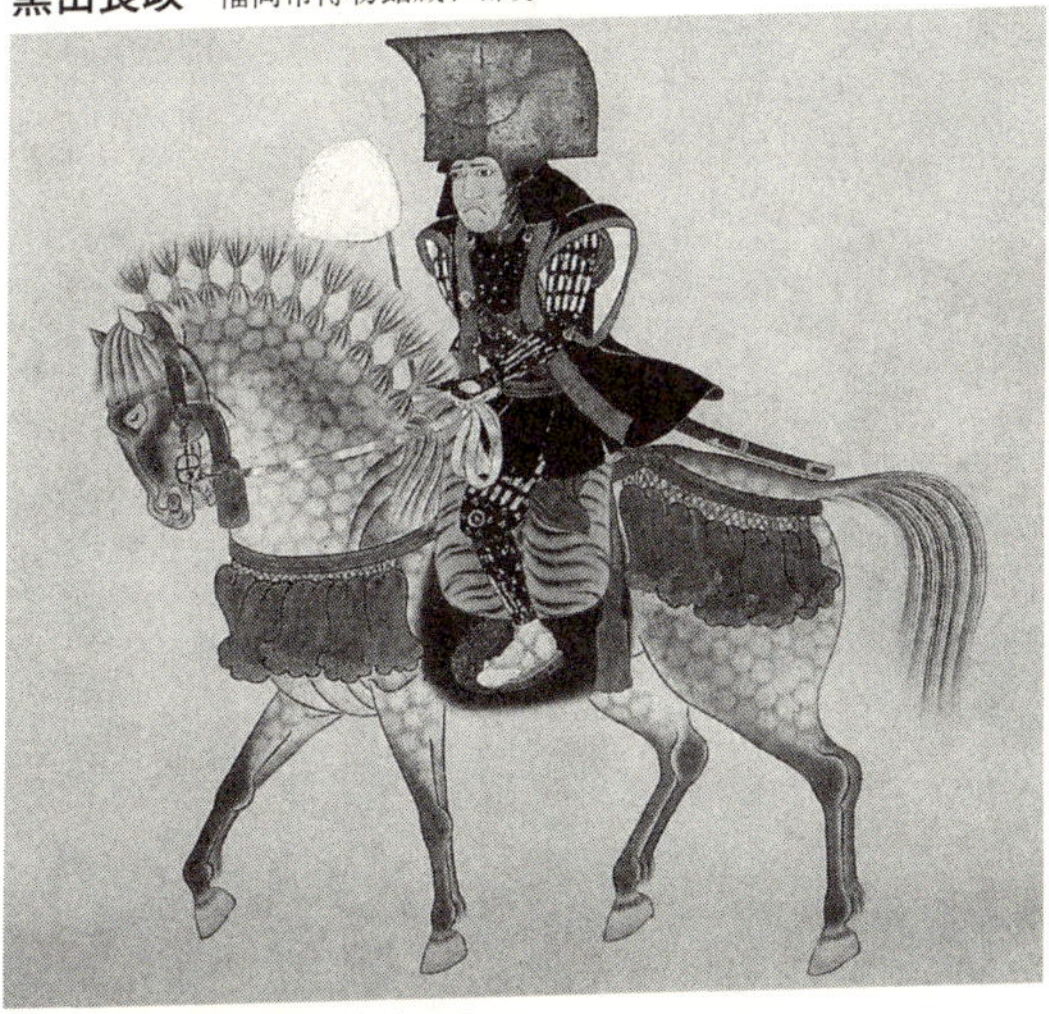

画像提供：福岡市博物館／DNPartcom

家康のこのもくろみのために、存分に働いたのが黒田長政だった。そして、**この長政だけは、他の福島正則や加藤清正ら秀吉子飼いの武将たちとは違い、「三成憎《にく》し」の気持ちに加えて、次の天下は家康の掌中におさまりそうだという見通しをもち、それに賭けようと決意していたのである。**

そこで長政は「三成憎し」では思いが一致しながらも、家康も信用しきれていなかった福島正則に対し、

「内府殿（家康）のために尽く

し、ともに三成めを廃すことこそ、秀頼公のおんため、豊臣家安泰の道でござるぞ」

と、折にふれて説得に努めた。

正則は、秀吉がその天下取りの過程で、信長の子どもを殺し、織田の天下を乗っ取ったという経緯《いきさつ》をつぶさに見ている。豊臣家も、やがて同じ運命をたどるのではないか。かつて秀吉が織田家に対して行なったことを、こんどは家康が豊臣家に対して行なうのではないかという不安から、どうしても抜け出せずにいた。その正則の気持ちを、しだいに家康へと傾けていったのは、長政のたび重なる働きかけだった。

正則の気持ちを家康へと傾けた要因は、この長政の助言のほかにもう一つ、秀吉の正室である北政所《きたのまんどころ》という女性の存在が大きかった。

正則ら秀吉子飼いの武将派といわれる大名たちにとって、北政所は、母親のような存在である。彼女が淀君《よどぎみ》、秀頼、そして三成をはじめとした奉行派に連なる、いわば「近江派」との対抗上、家康に対して好意的であったこと、そして家康のほうも彼女の心情をよく理解し、またじつに巧みに利用したことも、正則たちを家康と結びつけるのに功を奏したのである。

豊臣恩顧の武将の心を掌中に

慶長四年（一五九九）閏《うるう》三月、家康につぐ実力者前田利家が死去すると、武将派と奉行派の対立は再び厳しさを増した。加藤清正、福島正則、黒田長政、細川忠《ただ》興《おき》、浅野幸長《よしなが》、加藤嘉明《よしあき》、池田輝政《てるまさ》の七武将は、文禄・慶長の役以来の三成の旧悪を数え上げ、利家の嫡子《ちゃくし》利長《としなが》に訴え出た。利長が父の忌中《きちゅう》であるからとの理由で、是非の判断を避けると、彼らは、伏見の石田邸へ押しかけ、三成を討ち取ろうとした。

三成はこの危機に際し、最大の敵家康の懐《ふところ》に飛び込んだ。隠居するようにとの家康の提案を三成が応諾したので、彼ら七人も引き揚げた。この事件によって、家康は豊臣恩顧の武将派を、ほぼ掌中におさめることになったといえるだろう。

明けて慶長五年、会津の上杉景勝《かげかつ》討伐のため、家康は下野《しもつけ》（栃木県）小山《おやま》に着陣し、七月二十五日、軍議が行なわれることになった。すでに前日、三成が大坂で挙兵したとの知らせが届いていた。このとき家康は、豊臣恩顧の武将たちがいったいどういった反応を示すか、じつは不安で不安でたまらなかった。とくに正則らは、秀吉を父のように慕《した》っていたので、万が一、大坂方に心変わりをしないともかぎらない。

そこで長政に事前に正則の腹を探らせようとはかり、また長政も長政で家康の意のあるところを汲《く》み、その期待にこたえようとした。長政は事前に正則の陣を訪問して、こう尋ねた。

「大坂方につくか、それとも家康方につくか、貴殿の考えを聞かせてほしい」

ところが正則は、逆に長政の意向を尋ねてきた。

「じつは私も迷っている。貴殿の考えこそ聞かせてほしい」

そこで長政は意を決してこう答えた。

「秀頼公はまだお若いので、己《おのれ》の考えなどあるはずもない。三成は秀頼公のおんためなどと称しているが、みずからの邪《よこしま》な野望を遂げんがために決まっている」

正則も三成の味方に付くつもりは毛頭ない。しかし、それでは家康にほんとうに豊臣家の将来を託していいものなのかどうか、正直なところ迷う気持ちもあった。

長政は、正則のようすをつぶさに家康に報告した。長政の報告を聞き、家康は即座に諸将を集めて軍議の席で、さっそく彼ら豊臣恩顧の大名たちの疑念に答えるかのように、こう発言する。

「諸将の妻子は大坂で三成の人質にとられている。さぞかしご心配であろう。これよりの去就《きよしゅう》は、どうぞご自由になさってほしい」

この家康の意外な提案に、諸大名は、その真意をはかりかね沈黙した。すると正則が立ち上がり、こう発言した。

「武士たるもの、この期《ご》に及んで大坂の妻子に心をひかれ、義を踏み越えてなんとする。秀頼公はまだ若年ゆえ、これは三成の企《たくら》みに相違ない。この正則は家康公にお味方つかまつり、奸臣《かんしん》三成を除くことにいたす」

その場にいた大名たちも次々に、正則の意見に賛意を示し、家康に起請文《きしょうもん》を提出した。家康の期待どおり、長政の事前の根回しがみごと功を奏したのである。

さっそく小山の陣を引き払い、家康は、戦場の手前、清洲《きよす》に居城をもつ正則に先鋒《せんぽう》を任せ、長政を同行させて、急ぎ上方《かみがた》へ馳《は》せのぼらせた。

ところが、相模国《さがみ》（神奈川県）厚木《あつぎ》まで達したところで、家康の使者として奥《おく》平藤兵衛貞治《だいらとうべえさだはる》があとから追いかけて来て、長政だけ急遽《きゅうきょ》家康のもとによび戻された。家康は、三成の挙兵に増田長盛《ましたながもり》、長束正家《なつかまさいえ》、前田玄以《げんい》ら他の奉行衆も加担していることを知り、正則が再び迷って、敵方に寝返るのではないかと、また心配しはじめたのである。

そこで長政が、

「正則は三成と仲が悪く、三成に従うことはけっしてない。またもし三成に欺《あざむ》かれてなんらかの野心が出てきたとしても、私が理を尽くして諫《いさ》めますので、どうぞお心安く思《おぼ》し召せ」

と答えたので、家康はやっと安堵《あんど》した。

黒田長政の工作は、東軍の結束を図るだけではなく、敵方西軍にも及んでいた。

推理point

家康有利の見通しを立てていた黒田長政は、福島正則の説得に成功して家康側に引き入れた。のちの軍議の席で福島正則が旗幟《きし》を鮮明にしたことで、他の豊臣恩顧の大名も家康側についた。

対立する吉川広家と安国寺恵瓊

三本の矢の逸話で有名な、中国に覇《は》を唱えた毛利元就《もうりもとなり》とその三子、隆元《たかもと》、元春《もとはる》、隆景《たかかげ》。長男隆元は父より早く亡くなり、その七年後に元就が死んだので、毛利の家は孫の輝元《てるもと》が継いでいた。吉川《きつかわ》元春と小早川《こばやかわ》隆景は、この甥《おい》輝元をよく助け、一族を守り立てることに力を尽くし、「毛利の両川《りょうせん》」とよばれたが、このころには、この二人ともすでに逝《い》き、小早川家に秀吉の甥の秀秋《ひであき》が養子として入り、吉川家は元春の子広家《ひろいえ》の代となっていた。

以下、関ヶ原での毛利家の事情を『関原軍記大成』によって、たどってみよう。

七月半ば、毛利家の去就について、家康方につこうと主張する吉川広家と三成方への協力を主張する安国寺恵瓊《あんこくじえけい》とは激しく対立するが、結局、議論は決着を見ぬまま物別れに終わった。そこで広家は輝元の家来を広島に下し、輝元に国を動かぬように告げようとするが、時すでに遅く、広島を出馬した輝元と、海上ですれ違ってしまった。

これより先、大坂の毛利邸の三臣は、関東へ飛脚《ひきゃく》を出し、このたびの輝元の出馬はまったく本人の意志ではないという書簡を、本多正信《ほんだまさのぶ》、榊原康政《さかきばらやすまさ》、永井直勝《なおかつ》の三人あてに届けている。また広家も即座に同じような内容の自筆の手紙を榊原康政に届けた。しかし肝心の輝元は、七月十七日、三奉行らに迎えられて、家康留守居役を追い出して大坂城西の丸へ入った。

ねらわれた「大国」毛利家

吉川広家は毛利輝元の危難を救うため、かねてから親交のあった黒田官兵衛・長政親子を通じて家康に接触をはかろうとする。そこで家康に別心をいだいていない旨を書状にしたため、長政に届けさせた。

長政にしてみれば、これはまさに渡りに舟、三万六千の毛利軍の西軍への加担を食いとめられれば、味方にとっては大きな収穫である。そこで長政は、この広家の密書を江戸の家康のもとに届けさせた。家康は、八月八日付で次のような返書を長政に与えたという。

「吉川殿よりの書状を拝見した。その意図するところは了解した。輝元とは兄弟のように申し合わせてきたので、不審に思っていたところ、輝元の与《あずか》り知らぬところであることがわかり、安心した」

　そこで長政は、この家康の手紙に八月十七日付で、みずからの次のような手紙を添えて吉川広家に届けさせている。

「ご内意のとおり内府に申し上げたところ、拙者《せつしゃ》に書状を下されたので、ご使者にお見せした。こんどの一件は、安国寺恵瓊《えけい》一人の才覚によるところで、輝元の与り知らぬところであるとは、内府もご理解されている。しかるうえは、輝元殿へこの旨をいい聞かされて、内府と親密にされるように。こちらのことは私が調《ととの》えるが、戦争のあとではそれもできかねるので、油断なくご分別されるように」

　しかし広家も、すぐに東軍への内通を行動に移すことはむずかしかった。そこでその後も西軍に所属する武将としての行動をとらざるをえなかったため、長政はひどく心配し、八月二十五日付で再び広家に書状を届けた。

「内府もすでに駿府《すんぷ》（静岡市）府中まで出馬されて来ている。くれぐれも御家存続のため、ご分別されよ」

この長政からの最後通牒《つうちょう》にも等しい手紙を受け取って、広家も覚悟を決めた。事態はいよいよ切迫しつつあったからである。広家は、輝元の養子秀元《ひでもと》の本陣を訪れ、東軍への内応を説得した。

秀元は、激しく反論したが、輝元の家老福原式部が同意したため、意を強くした広家は、「ともかくも某《それがし》に任せおかるべし」といって席を立ち、家老粟屋《あわや》彦右兵衛門の嫡子《ちゃくし》粟屋十郎兵衛と福原式部の弟福原左近を人質に出すことを決め、家来の三浦伝右衛門を使者として、両人の人質とともに毛利の戦闘不参加を誓う書状を、黒田長政の陣所に送った。これが決戦前日の九月十四日のことだった。

長政がこの旨を家康に報告すると、家康は使者の三浦伝右衛門を本陣へよび入れ、黄金一枚を与え、二人の人質を長政に預けたという。そして家康の命令で、本《ほん》多忠勝《ただかつ》、井伊直政《いいなおまさ》連名の血判状が広家、福原式部あてに送られた。その内容は、

「一、輝元に対し聊《いささ》か以《もっ》て内府御如在あるまじき事

一、御両人別して内府に対せられ、御忠節の上は、以来内府も御如在存ぜられまじく候事

一、御忠節相究《きわ》め候はば、内府直の墨付《すみつき》、輝元へ取り候て、進むべきの事
付《つけたり》、御分国の事は申すに及ばず、唯今の如《ごと》く相違あるまじく候事」

輝元の無罪と毛利の領国の安堵《あんど》とが約束され、「これで毛利家も安泰」と、ほっと胸を撫《な》でおろした広家。これが家康方の巧妙な罠《わな》であり、戦後、改易されそうになるという仰天《ぎょうてん》する結果になろうことなど、このときの広家には想像もつかないことだった（実際の処分は減封）。

長政の最大の功労とは

関ヶ原での東西両軍の激突から、すでに四時間。東西どちらに勝利がもたらされるのか、まったく予断を許さない状況である。石田三成の陣地から下山して戦闘に加わるようにとの合図の狼煙《のろし》が上げられた。しかし、ここ松尾山の主、小早川秀秋はまだまったく動こうとはしなかった。

小早川秀秋の去就をじっとうかがっているのは三成方ばかりではない。家康とそ

小早川秀秋 高台寺蔵、部分

の側近たちも固い表情のまま、松尾山の気配をじっと見つめていた。彼らもまた秀秋が西軍を裏切って味方に加わるという密約を取りつけていたからである。

　小早川秀秋は、秀吉の妻北政所の兄木下家定《いえさだ》の子。秀吉の養子となって北政所に養育された。秀吉にも愛されて十一歳で従三位権《ごん》中納言にまで進んでいる。しかし、この秀吉の愛も、淀君に秀頼が生まれてからは急速に薄れていった。

　結局、「毛利の両川《りようせん》」の一人、小早川隆景に養子に出されるが、秀頼の成長に合わせるようにして、秀秋に対する秀吉の冷遇ぶりはますます厳しさを増した。そして、文禄・慶長の役の軽挙ぶりを咎《とが》められ、越前《えちぜん》（福井県）北《きた》ノ庄《しよう》十六万石の減封をいい渡されるが、その直後に秀吉が亡くなり、家康のとりなしによって、この処置は沙汰《さた》やみになる。

　秀秋は、東西両方に縁故もあれば義理もあるという立場だったのだ。しかし、すでにこの合戦に先立つ伏見城攻めに参加し、事実上はすでに西軍として行動していた。

ただこの伏見城攻めに際し、秀秋の重臣稲葉正成《いなばまさなり》は、秀秋に対して伏見城に使者を遣《つか》わして北政所と秀秋の実父、木下家定を人質に差し出し、その守備につくように進言したのだが、城将鳥居元忠《とりいもとただ》に拒否されたため、やむをえず伏見城攻めに参加したという説もある。

伏見城陥落後、秀秋は、家康に謝罪を行なっている。重臣平岡頼勝は黒田長政と親しく、また稲葉正成の子は家康の近臣として仕えていたので、おそらくそのルートをもって書状を届けたと思われる。

一方、黒田長政側も、なんとか小早川秀秋を味方に引き入れたいと思っていた。そこで長政は大久保猪之助《いのすけ》、神吉《かんき》三八の二人の家臣を使者に立て、平岡頼勝に返《かえ》り忠《ちゅう》をすすめる書状を届けた。

平岡がこれを主君の秀秋に見せると、秀秋は即座に応じることに決め、さっそく長政の家臣大久保猪之助と吉田小平次を小早川方に、平岡の弟を黒田方にという人質の交換が行なわれ、返り忠の約定《やくじょう》が成立する。

合戦前日の十四日、秀秋は関ヶ原に着陣した。この日、東西両軍から小早川の陣所に誓書が届いた。

西軍からの誓書の内容は、「秀頼が十五になるまで、秀秋を関白にする、筑前《ちくぜん》（福岡県）以外に播磨《はりま》（兵庫県）一国を与える、重臣の稲葉と平岡にそれぞれ十万石と黄金三百枚を与える」というものだった。

一方、東軍からの誓書は、「秀秋に対しては、家康はまったく別心をいだいていない、忠節に励めば、上方《かみがた》において新たに二国を与える」などの内容だった。

西軍は関白の地位と新たに播磨一国、東軍は上方で新たに二国と、どちらも秀秋を味方に引き入れるのに必死だったのだろう。

さて、動く気配のない秀秋に対し、家康はやきもきしながら長政に家来を遣わし、秀秋の裏切りについて問い質《ただ》させた。

長政は馬上から、

「約束に背《そむ》いたならば、石田を切り崩したうえで、奴《やつ》も討ち果たしてくれる」と、ものすごい剣幕で怒鳴り返したという。

この報告を受けて、家康はますます心配になってきた。そこで、

「松尾山の秀秋の陣に向け、鉄砲をつるべ打ちにせよ」

と下知《げち》した。

同じころ、秀秋の陣では、人質となっていた大久保猪之助が、秀秋の家老平岡頼勝に詰め寄り、

「いまや勝負時であると見え候に、裏切りの下知なきは、わが主君甲斐守《かいのかみ》（長政のこと）を欺《あざむ》き給うてか。もしさようならば弓矢八幡刺し違え申さん」

と、脇差の柄《つか》に手をかけた。これに対し平岡は、

「潮時《しおどき》は我らにお任せあれ、戦局を見守っているところでござる」

といって猪之助をおさえた。

それから間もなくのこと、

「目ざすは大谷刑部《ぎょうぶ》の陣なるぞ」

秀秋の采配《さいはい》が振られた。

小早川隊は一気に松尾山を駆けおり、大谷隊に向けいっせいに鉄砲を撃ちかけた。一進一退をつづけていた東軍・西軍の攻防は一気に東軍勝利へと傾いていく。

秘書に徹した長政

長政は、この関ヶ原の戦いでのみずからの調略の成功や武功、そして家康から、いかに丁重に感謝の意を伝えられたかを手紙にしたためて、得意げに父の如水のもとに送っている。

しかし、手紙を読んだ如水は、

「さてさて甲斐守、若き者とはいいながら、あまりにも知恵もなきことなり。天下分け目の合戦、さように捗《は》やるものにてなきぞ。日本一の大たわけは甲斐守なり。何ぞや忠義立てをして、あれをくりわけ、これに裏切りをさせ、それほど急ぎて、家康に勝たせて、何の益はあるぞ。さりとは残り多きことかな」

といって、たいへん腹を立てた、と『古都物語』に書かれている。

こうして長政の事績を見てくると、彼はたしかに一種の「秀才」ではあった。それもたんなる「青白き秀才」ではなく実行力もある。しかし、それはあくまで「官僚」としての能力であって、新しいものを生み出す創造力は彼にはない。

長政は、天下を固めることには大きな功はあったが、それはあくまで家康を「社長」として立てての、いわば「秘書」の役目を果たしたにすぎない。内紛に乗じてみずから「社長」になろうとした父如水と、社長の「秘書」に徹した子長政は、やはりスケールに大きな差があったといえそうだ。

・黒田長政は、徳川家康が天下を取るというはっきりした見通しをもっていた。どちらにつくか迷っていた福島正則を徳川側に引き入れることに成功。その後豊臣恩顧の大名が続々と徳川側についた。
・さらに、吉川広家に東軍参加の決断を促し、小早川秀秋に寝返りを決断させた。
・東軍勝利に大きく貢献したが、父の黒田官兵衛からは、家康の秘書役に徹した姿勢を酷評されている。

第十五章　浅野内匠頭はなぜ吉良上野介に斬りかかったのか

正気説と狂気説

浅野内匠頭長矩《たくみのかみながのり》が起こした吉良上野介刃傷《きらこうずけのすけにんじょう》事件の原因はわからない。

冗談ではなく、いまにいたるまで決定的に、こうだ、といいきれる説は一つもない。だからこそ、いろいろ揉《も》めるわけだ。

ただ、いまのところは、主に二通りの説に分類できると思う。

一つは、内匠頭が正気だった、とする説。二つ目は、なんらかの精神障害があって正気ではなかった、つまり狂気だったとする説。

ここで、二つ目の説をとって、精神障害による発作的な行動だったとすると、まったく動機というものを考える必要がなくなる。

だから、精神障害説についてはおいておくとして、正気だった場合の動機について考えていこう。

正気説を構成している大部分は遺恨《いこん》説である。浅野内匠頭が、いわゆる「松の廊下」で刃傷事件を起こしたからには、吉良上野介に対して、なんらかの恨《うら》みをいだいていたと考えられるわけで、正気説＝遺恨説といいかえてもいいくらいだ。

では、恨むにいたった理由は何か。

よくいわれているのは、賄賂《わいろ》説である。賄賂を要求した吉良上野介に対して、内匠頭が非常に少ない額しか払わなかった。これに怒った吉良が、役目上の権限を利用して、さまざまないやがらせをした。そして、これに憤激した内匠頭が恨みを晴らそうとして吉良に斬《き》りつけた。

もう一つは、遺恨説のバリエーションだが、塩田の問題。自分がもっている塩田よりも、すぐれた塩田技術を有している内匠頭の塩田を見た吉良が、パテントやノウハウを教えるよう内匠頭に強要した。だが、内匠頭がこれに応《こた》えなかったので、吉良がいやがらせをした。ここから先は同じ展開になる。

正気説を構成するもう一つの要因は、なんらかの意図があったとするもの。つまり、幕府の命令に従って刃傷を起こしたとする説だ。この二番目のケースは、まず考えられないので、「苛《いじ》め」と「塩田」の二つの遺恨説について追究してみよう。

遺恨説を分析する――苛めはあったのか？

そもそも「忠臣蔵《ちゅうしんぐら》」とはなんだろうか。「忠臣蔵」という言葉は、もともとは『仮名手本《かなでほん》忠臣蔵』というドラマをさしているのだが、現実に起こった赤穂《あこう》事件と、それをモデルに、いろいろなフィクションを導入して再構成された「忠臣蔵」とは厳密に区別して考えなければならない。

だが残念ながら、この問題を研究する場合には、ほとんどの人が、先にドラマや映画や歌舞伎で「忠臣蔵」を見てしまう。そうすると、「忠臣蔵」で誇張されたフィクションのイメージが非常に強くなるのである。

このことを念頭において考えていただきたいのだが、では、ほんとうに浅野内匠頭はいやがらせを受けたのだろうか、苛められていたのだろうか、という問題が起

浅野内匠頭　花岳寺蔵、部分

吉良上野介　華蔵寺蔵

きてくる。

ところが、この苛めの問題を一つ一つ調べてみると、証拠がないのだ。つまり実体のない「苛め伝説」なのである。

高家《こうけ》筆頭の立場として、吉良は、当然のごとく勅使接待についての慣習や礼儀作法を知っており、接待役の浅野内匠頭を指導しなければならない。ところが、わざと間違えたことばかり教えて恥をかかせた。
たとえば、次のようなことだ。

（一）金屏風《びょうぶ》を飾るべきなのに墨絵の屏風を置かせた。
（二）ふつうの料理を出すべきなのに精進《しょうじん》料理を出させた。
（三）これはフィクション忠臣蔵ではクライマックスになるのだが、増上寺《ぞうじょう》で畳替えをすべきなのにいわなかった。片岡源五右衛門《かたおかげんごえもん》や堀部安兵衛《ほりべやすべえ》が江戸じゅうを駆け回って畳職人をよんでくる、例のシーンで有名。
（四）そして、これが決定的になるのだが、畳替えで徹夜して疲れがたまっていらいらしている勅使接待当日、今日でいう最高礼装の燕尾服《えんびふく》である大紋《だいもん》を着なければならないのに、略礼装のモーニングかタキシードに当たる長裃《ながかみしも》でいいといわれて、そのとおりにして行ってみると、大恥をかいてしまう。

だが、これらはみな、芝居で登場することであって、史料には載っていない。つまり当事者たちは何も語っていないのである。

さらに江戸時代の常識として、以上のようなことはありえないのだ。なぜかというと、浅野内匠頭は刃傷事件を起こす十八年前の天和《てんな》三年（一六八三）、家督を継いで間もないときに、一度、勅使接待役を仰せつかっているのである。

一般的に、江戸時代の儀式というのは、儒教《じゅきょう》の世界でもあり、伝統固持の世界であるから、五十年や百年単位でも変わるものではないのである。朝鮮通信使の待遇を新井白石《はくせき》が改めようとして大問題になったくらいで、礼儀作法というのは一度決まれば変わるものではないのだ。作法を守ることこそがマナーなのである。

つまり、**内匠頭はすでに十八年前に経験しており、家来もメモをとっているものなのだ。勅使接待の場で、燕尾服かモーニングかぐらいのことを間違えるはずがない。**

墨絵の屛風や精進料理、畳替えにしても、冷静に考えればすぐにわかることだが、土壇場《どたんば》で間に合うことなど、まずないのである。ドラマや映画、歌舞伎の世界だから間に合うのであって、江戸じゅうの畳職人を集めることなど、できうるはずがない。

ということは、当日、畳替えが行なわれない状態で勅使が到着するということだ。

もし、そうなったら、浅野内匠頭は切腹かもしれないが、**接待作法を指導すべき**

吉良上野介の責任でもある。吉良の落度にもなるのだ。吉良がそんな危険を冒《おか》してまでうそを教えるはずがないし、だいたい天皇の使いである勅使に対して、きわめて非礼なことになってしまう。たとえば、予行演習の段階では、わざと間違えたことを教えるということはありうる。だが本番で、わざと間違えたことを教えるということはありえない。これは現代でも、そうである。

たとえば国賓《こくひん》が来日して、あるホテルに泊まることになったとしよう。そのとき、マネージャーがボーイに間違えたことを教えて、結果的に国賓に対して失礼なことになった。そのとき、「あれは、ボーイの責任で私の責任ではありません」というようなことは、絶対にいえないはずだ。連帯責任なのだから当然である。「おまえがついていながら、なんということだ」ということになる。

つまり、苛めは伝説であって、実際には存在しなかったのだ。これには証拠がある。

刃傷事件のとき、現場にいて、浅野内匠頭が吉良に斬りかかったときに、後ろから抱きとめた梶川与惣兵衛《かじかわよそべえ》が日記を書いている。その日記に書かれている現場の状況と、いわゆる「忠臣蔵」で描かれている状況が明らかに異なっているのだ。

これまでの「忠臣蔵」によれば、浅野内匠頭が吉良を廊下でよび止めて、「どうして、こんなひどいことをしたんだ」と難詰《なんきつ》するが、吉良は「ふふん、田舎侍《いなかざむらい》め」と笑って行ってしまう。そこで怒った内匠頭が斬りつける。つまり問答があったことになっている。

ところが『梶川氏日記』を見ると、吉良は斬られる直前、梶川与惣兵衛と話をしていたことになっているのだ。つまり、今日の儀式が予定より少し遅れて進んでいるというようなことを話し合っているときに、突然後ろから斬りかかってきた男がいた、それを見たら、浅野内匠頭だったという。そこで「この間の遺恨《いこん》覚えたか」と内匠頭がいったと、梶川与惣兵衛の日記には書かれているのだが、ここで問題が一つある。

『梶川氏日記』というのは、現在は原本がなく、写本だけが残されている。東京大学史料編纂《へんさん》所にある写本では、たしかに「この間の遺恨覚えたか」と書かれているらしいのだが、私が実見した東京大学附属図書館にある写本では、この台詞《せりふ》が記されていない。

繰り返す。遺恨を生むもとになった苛めは伝説であり、史料もない。常識でも考えられない。ここから類推されるのは、東京大学史料編纂所蔵『梶川与惣兵衛日記』の写本にあった「この間の遺恨覚えたか」という記述は、写本がつくられたときに、つまり、あとで書き加えられた可能性もあるということだ。

次に「塩田」遺恨説についてみてみよう。

当時、浅野内匠頭の塩田と吉良上野介の塩田に、生産量の差があったのは事実だ。ただし、当時、機械力というものはなく、技術を盗んできたからといって、生産量が飛躍的に高まるというものではなかった。塩田のいちばんたいせつな条件は、遠浅の砂浜があって、しかも降雨量が少なく、日照量が多いということだ。自然条件で生産量が左右されることはあっても、特別な技術を盗んできたから生産量が向上するというものではない。

推理point

吉良上野介から浅野内匠頭に対して苛めがあったとは到底考えられない。また、他の塩田の技術を知っても、生産量が飛躍的に向上するというものでもなく、塩田にまつわる怨恨説も肯定しがたい。

遺恨説が生まれた背景

なぜ、このような「塩田」遺恨説が飛び交うかというと、あのような場所で斬りかかるはずがないからなのだ。

私は「逆算の論理」といっているのだが、たとえば、明智光秀が織田信長から苛められていたという「苛め伝説」も、よく調べていくと根拠が全然ない。なぜ、このような「苛め伝説」が出てくるかというと、もともと旅浪人で、信長に引き立てられて五十万石ぐらいの大名にしてもらった明智光秀が、反乱を起こす理由がわからないためである。それは、きっと恩義を帳消しにするほどの苛めがあったんだろうというところから「苛め伝説」が生まれてくる。これと同じなのだ。

浅野内匠頭は、本来、あのような場所で吉良に斬りかかるはずがない。なぜ「本来」といえるか。それは、儀式の場だったからである。いまの譬《たと》えでいえば、迎賓館のような場所だったからだ。当時の刑法では、あの場所では、鯉口《こいぐち》三寸切っただけで、つまり刀を抜こうとしただけで死刑なのだ。

だから、もし、ほんとうに吉良を殺したいと思ったのなら、あの場所はいちばん不適当な場所なのだ。ほかの人間が浅野内匠頭をじゃまをするのは当然なのだ。

梶川与惣兵衛がじゃましたことを「武士の情けに欠ける」と非難する人がいるが、それはおかしい。ドラマでは、たしかに梶川与惣兵衛は、浅野内匠頭が吉良に苛められているのを見ていて同情している。それなのに、「なぜ止めるのか、吉良を斬らせてやればいいじゃないか」ということになる。

実際には、梶川与惣兵衛は、浅野内匠頭が吉良に苛められている事情を知らない。知っていれば日記に書き残したはずなのだ。つまり何も知らない以上、あの場所で、刀を抜いた人物がいれば、止めるのは当たり前なのだ。

もしいまの世で、暴漢が刀を振り回していたら警察官は止めなければならない。これは公務員としての義務である。梶川与惣兵衛も、いってみれば公務員なのだから、刀を振り回す浅野内匠頭を止めたのは当然のことなのである。

それでも、梶川与惣兵衛が浅野内匠頭を止めたことをもって武士の情けに欠けると批判するのなら、これこそ「忠臣蔵錯覚」といえよう。

もし苛めがあったとして、浅野内匠頭が吉良を殺したいと思っていたとしても、江戸城内という場所がいちばんじゃまが入りやすいところなのだ。ずっと我慢して、儀式が全部終わってから江戸城外で殺すというのが、当時の武士の考え方というものだろう。

江戸城という場所は、将軍に対する忠誠の場なのだ。しかも浅野内匠頭は、将軍にとってたいせつな客である勅使を迎える接待役であるから、その席をぶち壊しにしてはいけない立場にあるはずである。

内匠頭は武士として、将軍の命令事項は果たさなければならなかった。だから、江戸城内で刀を抜いたということは、私情に負けて公務を放り出したことになる。将軍綱吉《つなよし》が怒るのは当然なのだ。

口上書に隠された赤穂浪士の真意

苛めがなかったということに、もう一つ重要な証拠がある。それは浅野内匠頭の家来の口上書《こうじょうがき》である。

これは、赤穂《あこう》浪士が吉良邸に討ち入るときに吉良邸の門前に立てた書状で、自分たちがなぜ吉良邸に討ち入ったのかという、自分たちの信念を明らかにした、一種の犯行声明である。

なぜ首都の治安を乱して、吉良邸に攻め込むという違法行為をするのかということを克明《こくめい》に書き記している。

この前文を読み下すと、次のようになる。

去年三月、内匠《たくみ》儀《ぎ》、伝奏御馳走《でんそうごちそう》の儀に付《つき》、吉良上野介殿へ意趣を含み罷在《まかりあ》り候
処　御殿中に於て当座遁《のが》れ難き儀ご座候か、刃傷に及び候　時節場所を弁えざる働
無調法至極に付切腹仰せつけられ、領地赤穂城召し上げられ候儀　家来共迄《どもまで》畏入《おそれいり》
存《ぞん》じ奉《たてまつ》り候　上使の御下知《おんげち》を請《う》け　城地指し上げ　家中《かちゅう》早速離散仕《つかまつ》り候　右喧《けん》
嘩《か》の節御同席御抑留の御方これ在り、上野介殿討留め申さず候内匠末期《まつご》残念の心底
家来共忍び難き仕合にご座候　高家御歴々へ対し家来共鬱憤《うつぷん》を挿《さしはさ》み候段、憚《はばか》り存
じ奉り候えども　君父《くんぷ》の讐《あだ》は共に天を戴《いただ》かざるの儀　黙止難《もだしがた》く今日上野介殿御宅へ
推参仕り候　偏《ひと》えに亡主の意趣を継ぎ候　志《こころざし》迄にご座候　私共　死後もし御見分《ごけんぶん》
の御方ご座候わば　御披見《ごひけん》願い奉り度《た》く斯《かく》の如くにご座候　以上

元禄十五年十二月　日

浅野内匠頭長矩家来

大石内蔵助（以下四十七名の連名）

傍線を引いた「時節場所を弁《わきま》えざる働」というのは、常識的にも将軍への忠節からいってもありえないということ、また「無《ぶ》調《ちょう》法《ほう》至《し》極《ごく》」というのは強い言葉で切腹を仰せつけられても当然だというニュアンスがある。

なかでも注目したいのは、「御殿中に於て当《とう》座《ざ》遁《のが》れ難《がた》き儀ご座《ざ》候《そうろう》か、刃傷に及び候」の最後の「か」という文字。ここを現代語に訳すと、「当日、江戸城中において、何か逃れられないような理由・事情があったのでしょうか、刃傷に及んでしまいました」となる。つまり、大石内蔵助以下四十七名も、はっきりわかっていないのである。

この犯行声明である口上書は、お上《かみ》に対して反抗になるから、できるだけ自分たちの正当性を明らかにしようとする。だから、もし吉良が苛めを行なっていた、そして、そのことに浅野内匠頭が怒っていたのなら、その怒りが正当であるということを理由づけるために、口上書に、食事のことや畳替えのことなどを書けばいいということになる。

　ドラマでも、江戸にいる片岡源五右衛門や堀部安兵衛などが苛めの現場を見ていることになっている。だが、口上書には書いていない。討ち入りのメンバーのなかに、苛められている現場にいた人物がいたはずなのに、何も書いていない。赤穂にいた大石内蔵助も、苛めの事実があれば、江戸にいた浅野家の家臣に聞けたはずなのに、聞いていない。また自首して尋問を受けたときに話せばいいのに話していない。話していればかならず残るはずなのだ。

　また口上書の冒頭部分に「意趣を含み罷《まか》り在《あ》り候処」とある。つまり、意趣を含んでいたことは認めている。また「右喧嘩《けんか》の節御同席御抑留の御方これ在り」とあるのは梶川与惣兵衛のことだが、つまり、「これは喧嘩だ」といっている。

　この箇所から、記録には残っていないけれども、やはり、なんらかの知られていない、畳替えなどではないかたちの苛めはあったのではないか、吉良上野介と浅野内匠頭の対立があったのではないかという見方をする人もいる。また、ここから幕府の陰謀があったとする向きもなくはないのだが、ここは、もっと素直に考えたい。

　討ち入る側としては、あれは喧嘩だった、ということにしないと、討ち入りの正当性が成立しなくなるのではないかと思うのだ。つまり、本来は喧嘩ではないのに喧嘩だといっているということなのである。

浅野と吉良の対立において、屛風や食事や畳替えなどの「伝説」を抜きにして考えれば、浅野内匠頭が吉良上野介にいきなり襲いかかったという一点だけが確かなことで、それ以外に表に出ている事実はない。

主君である浅野内匠頭の行為が正当なものであることを証明するためには、何か「意趣」があったということにしなければならないし、「喧嘩」だったということにしなければならない。

ところが吉良上野介は、応戦していない。刀を抜かなかったことをさして「臆《おく》病《びょう》だ」というのは間違いだ。たしかに、吉良は文官だから刀の稽《けい》古《こ》をしたこともないだろうから、ほんとうに怖《こわ》くて刀が抜けなかったのかもしれない。だが、あの場合は抜かないのが正しい。抜けば御家断絶、その身は切腹なのだ。正当な行為だったのである。

だから、浅野内匠頭の家臣にとって、吉良を殺すためには、どうしても「あれは喧嘩だった」というしか方法はなかったのである。

推理point

赤穂浪士が討ち入りの際に掲げた口上書にも、喧嘩を正当化するために必要な「苛め」の内容が記されていない。やはり吉良からの苛めがあったとは考えにくい。

乱心の前例

「苛め」はなかった。にもかかわらず、吉良上野介との関係は「喧嘩」だということにしなければならなかった。

これは何を意味しているのか。

本章の冒頭に戻るが、結論としては正気説は成立しえない。やはり狂気説が最も妥当《だとう》な線だ。**つまり、刃傷事件は狂気の発作《ほっさ》で起こしてしまった事件だったのだ。**

江戸時代の他の判例をもとに、狂気の殿様が殿中で刃傷沙汰《ざた》を起こしたときに、どのような処罰を受けているのかを調べてみると、内匠頭の母方の叔父に当たる内藤和泉守《いずみのかみ》忠勝という人が延宝八年（一六八〇）六月に、増上寺《ぞうじょう》本坊で同じように事件を起こしているのである。

　幕府の公式文書である『寛政重修諸家譜《かんせいちょうしゅうしょかふ》』には、はっきりと「忠勝乱心し（永井）信濃守尚長《しなののかみなおなが》を殺す」と書かれている。この内藤忠勝がどうなったか、というと、本人は当然切腹させられたが、「乱心のうえでの行為である」ということで、子孫は領地を移されたりはしているが、御家取りつぶしにはなっていないのだ。

　この判例から考えると、たしかに増上寺より殿中のほうが罪が重いとはいえ、狂気のうえで吉良に斬りかかったのであれば、**浅野内匠頭の切腹はしかたないにしても、浅野家の断絶にはならないのではないか。**そこで、内匠頭の弟の大学《だいがく》を擁立すれば、浅野家だけは残るということを大石はじめだれもが考えたはずである。ところが浅野内匠頭本人は切腹、浅野家も断絶させられてしまった。

　これは不当な裁きである。なぜ、こんなことになったのか。

　つまり、浅野内匠頭が正気であると認定されたからである。乱心とはみなされなかったのだ。私は「あれは乱心だった」と思うのだが、乱心だったのが、なぜ正気と扱われたのか。それは、将軍綱吉の専断だろう。

乱心するような男を勅使接待役に任じた自分を恥じて、「あれは、浅野内匠頭という男が正気で起こしたことだ」とし、厳しく罰したのである。

考えてみれば、大石内蔵助が大学を擁して御家再興をねばったのも、まだ御家再興の望みがあったからだろう。内藤忠勝の例を知っている大石としては、当然の行動である。

ところが、御家は取りつぶされてしまった。この綱吉の不当な裁きに対して抗議するために、あくまであれを「正気」のうえでの行為とするなら、吉良との闘争は「喧嘩」であり、「喧嘩」ならば両成敗が原則だから、相手を殺してもいいということになる。そこで、大石たちは起ち上がったのである。

勅使接待役による緊張と疲労で、たまりにたまったストレスが爆発してしまった。ちょうど、苛められてもいないのに、いらいらが嵩《こう》じて先生に殴りかかってしまった生徒のように、浅野内匠頭は吉良上野介に斬りかかってしまったのである。

自分は悪いことをしたとは思っていないまま、なんの心の準備もしていないところに大石内蔵助たちに討ち入られてしまった吉良上野介こそ、可哀相《かわいそう》な男といえるかもしれない。

- なぜ浅野内匠頭は吉良上野介に斬りかかったのか。正気説と乱心説があるが、正気説の場合動機が見えてこない。吉良からいじめがあったとは考えにくい。儀式の場で不始末があると、自身も処罰の対象になるのである。
- また、本気で吉良を斬り殺そうと思ったのなら、「儀式に臨む江戸城の中」という最も邪魔が入りやすい場所で刃傷に及ぶわけがない。
- 赤穂浪士たちも喧嘩の理由がわからないとしており、やはり浅野内匠頭乱心説をとるしかないと考えられる。
- 将軍綱吉が、乱心するような男を勅使接待役に任じた自分を恥じて、「あれは、浅野内匠頭という男が正気で起こしたことだ」とし、厳しく罰したのである。

著者紹介

井沢元彦（いざわ　もとひこ）

作家。昭和29（1954）年、愛知県名古屋市生まれ。早稲田大学法学部卒業。TBS報道局（政治部）の記者時代に、『猿丸幻視行』で第26回江戸川乱歩賞を受賞。退社後、執筆活動に専念する。「週刊ポスト」にて連載中の『逆説の日本史』は、ベスト&ロングセラーとなっている。
主な著書に、『逆説の日本史』シリーズ（小学館）のほか、『日本史真髄』（小学館新書）、『言霊』『穢れと茶碗』（以上、祥伝社）、『「誤解」の日本史』『学校では教えてくれない日本史の授業』『学校では教えてくれない日本史の授業　天皇論』『学校では教えてくれない日本史の授業　悪人英雄論』『学校では教えてくれない戦国史の授業』（以上、PHP文庫）、『学校では教えてくれない江戸・幕末史の授業』（PHPエディターズ・グループ）などがある。

この作品は、2001年1月に廣済堂出版から出された『歴史「不思議」物語』を改題し再編集したものです。

ＰＨＰ文庫　ザ・日本史推理

2019年4月9日　第1版第1刷

著　者　井沢元彦
発行者　後藤淳一
発行所　株式会社ＰＨＰ研究所
東京本部　〒135-8137 江東区豊洲5-6-52
第四制作部文庫課　☎03-3520-9617(編集)
普及部　☎03-3520-9630(販売)
京都本部　〒601-8411 京都市南区西九条北ノ内町11
PHP INTERFACE　https://www.php.co.jp/
組　版　有限会社エヴリ・シンク
印刷所
製本所　図書印刷株式会社

ISBN978-4-569-76890-8